O PLANEJAMENTO TRIBUTÁRIO É DIREITO FUNDAMENTAL

ISBN 9798619579833

90000

9 798619 579833

ARMANDO RODRIGUES GADELHA MOREIRA

O PLANEJAMENTO TRIBUTÁRIO É DIREITO FUNDAMENTAL

ARMANDO MOREIRA
Fortaleza
2020

AGRADECIMENTO

Agradeço inicialmente a minha família, especialmente minha mãe Francisca Moacylinda Rodrigues Gadelha, meu pai Francisco Robério Gadelha Moreira, meu irmão Ângelo Rodrigues Gadelha Moreira e minhas sobrinhas Sarah Rocha Gadelha Moreira e Raquel Rocha Gadelha Moreira, todos que me ajudaram em momentos difíceis e possibilitaram concluir mais essa etapa.

Agradecer também aos meus amigos que percorreram conjuntamente essa fase que agora se conclui.

Agradeço ao leitor e o parabenizo não apenas pelo tempo desprendido na leitura do meu trabalho, mas pelo interesse acerca do tema.

Armando Moreira

Wyrd bið ful ãræd

ÍNDICE

INTRODUÇÃO

A relação cidadão para com o Estado, apresenta vários conflitos e o principal deles é a relação tributária, entre o contribuinte, que tem seu patrimônio revertido em favor do Estado, e este, que necessita da arrecadação do contribuinte para a manutenção de seus serviços e de sua própria existência. Em face dessa relação observa-se a tentativa das duas partes de evitar ou maximalizar a tributação e nesse intento surge o planejamento tributário por parte do contribuinte.

Mas se deve ter a consciência que o motivo para realizar o planejamento é de ordem econômica, ou seja, em busca de reduzida imposição fiscal. Sendo o planejamento tributário a designação, tão somente, da técnica de organização dos negócios.

Contudo, há o problema de quais seriam os limites para o planejamento, pois existe a possibilidade na busca de que o tributo tenha a mínima interferência do patrimônio do particular com a prática de ilícitos, por exemplo, por meio de adulterações dos livros contábeis, falsificação de nota fiscal, ou seja, alterações dos fatos.

A partir dessa busca de limites é que a doutrina se debruça, pois há doutrinadores pró-contribuintes e doutrinadores pró-Estado, o que gera várias divergências, pois cada um busca defender seus interesses e para isso questiona todo e qualquer ato que possa reduzir ou aumentar a contribuição tributária. Sendo que nesse trabalho, se buscará isenção na análise.

Mas em face de tamanha divergência, há a busca de limites almejando a permissividade do planejamento ou a restrição de sua prática, além dessa divergência, há, inclusive, uma questão conceitual das nomenclaturas e conceituações que envolvem evasão e elisão fiscal.

Para resolução dos conflitos no Brasil, a doutrina deve se basear na Constituição Federal e no Código Tributário Nacional (CTN) ou mesmo em normatizações inferiores. Contudo o mais importante a se analisar inicialmente deve ser a Constituição, pois no Brasil há supremacia da Constituição e o CTN é o regramento que conduz a base do Direito Tributário.

Isso posto, em face à divergência existente acerca dos limites do planejamento tributário no ordenamento jurídico atual, ocorrem várias dúvidas e questionamentos, sobre qual viria a ser a resposta mais plausível, mais fundamentada, mais aplicável, mais proporcional, a que mais atenderia as necessidades da realidade entre outras coisas mais.

Em relação à metodologia a ser aplicada ao pretenso trabalho científico tende a intenção de utilizar de levantamento da relação tributária e de sua análise pela doutrina. Quanto ao método de abordagem a maioria dos especialistas faz, hoje, uma distinção entre método e métodos, se situarem em níveis claramente distintos, no que se refere à sua inspiração filosófica, e ao seu grau de abstração, à sua finalidade mais ou menos explicativa, à sua ação nas etapas mais ou menos concretas da investigação e ao momento em que se situam sendo o pretenso a ser utilizado o método dialético, o qual penetra o mundo dos fenômenos através de sua ação recíproca, da contradição inerente ao fenômeno e da mudança dialética que ocorre entre as diversas doutrinas.

Quanto ao método de procedimento constituem etapas mais concretas da investigação, com finalidade mais restrita em termos de explicação geral dos fenômenos menos abstratos. Pressupõem uma atitude concreta em relação ao fenômeno e estão limitadas a um domínio particular. Sendo os principais métodos de procedimento tendem a ser aplicados o histórico e o comparativo, posto à necessidade de realizar um levantamento histórico destinado a fundamentar as vertentes doutrinárias e posteriormente realizar um processo dialético de embate entre as doutrinas.

Em relação às técnicas de pesquisa, que são os procedimentos operacionais que servem de mediação prática para a realização das pesquisas, pretendem-se utilizar as duas seguintes técnicas a de pesquisa bibliográfica, que é aquela a qual se realizam a partir do registro disponível, decorrente de pesquisas anteriores, em documentos impressos, como livros etc., e a de documentação, que é toda forma de registro e sistematização de dados, informações, colocando-os em condições de análise por parte do pesquisador.

Tendo então, o presente trabalho por objetivo inicial investigar os elementos do planejamento tributário estabelecidos na Constituição brasileira de 1988 e do Código Tributário Nacional buscando delimitar sua conceituação e seus elementos e sua aplicabilidade.

Tendo para isso, a ser realizado um levantamento no primeiro capítulo a origem do conflito fisco-contribuinte, a motivação para a realização do planejamento tributário, a delimitação dos conceitos utilizados e os elementos a serem observados, para realização do planejamento tributário. Posteriormente, apresentadas a fundamentação constitucional e princípiológica e toda a fundamentação pertinente. Por fim, é trazida os elementos legais e doutrinários que limitam o planejamento tributário, fazendo uma análise das suas aplicabilidades em face ao ordenamento jurídico brasileiro.

1 O PLANEJAMENTO TRIBUTÁRIO

O planejamento tributário é atualmente uma pratica exercida pelo contribuinte para obter o menor custo tributo possível dentro das hipóteses legais e é esse ato que se busca apresentar. E para tanto será realizado uma melhor análise e passar-se-á a demonstrar as relações que fundamentam o planejamento tributário e os seus elementos caracterizadores e para isso se inicia com a origem histórica dessa relação conflituosa.

1.1 A origem do Planejamento Tributário

Há de se questionar inicialmente a origem do planejamento, ou melhor, a relação fisco-contribuinte. E para isso inicia com levantamento histórico da implementação do tributo e o levantamento de alguns pontos de atritos existentes.

Com essa intenção, se identifica que a relação tributária deve ser mais antiga, mas tem registro de dez mil anos, pois "Os egípcios, assírios, fenícios, dentre outros povos da Antiguidade, já usavam o tributo como instrumento de servidão, através da sua imposição sobre os povos conquistados."[1]

Historicamente o tributo é uma forma de império, a sua aplicação é baseada primordialmente pela utilização da força, a qual é exercida por um ente poderoso (rei, sacerdote, igreja, Estado, etc.), que se apropria de uma coisa, ou de serviço, ou até de pessoas, portanto sempre se trata de uma relação de poder (apesar do fundamento para sua aplicação ser das mais diversas durante a história).

O resultado dessa dicotomia gerou diversos eventos históricos, como Magna Carta assinada pelo Rei João sem Terra (1215), a independência dos Estados Unidos da América (1775–1783) Revolução Francesa e no Brasil a inconfidência mineira, sendo esses apenas alguns fatos que exemplificam, portanto, sempre houve a tentativa de combate ao tributo e foram de tamanha repercussão que gerou guerras e revoltas, o que reflete a importância do ânimo da população em combater o tributo e demonstra o nível do conflito existente entre o contribuinte e o ente tomador de tributos.

---

1   MARTINS, Ives Gandra da Silva. **Norma antielisão é incompatível com o sistema constitucional brasileiro.** In: Planejamento tributário e a Lei Complementar n° 104. **ROCHA, Valdir de Oliveira (Coord.).. São Paulo: Dialética, p. 119-128. 2001. p. 131.**

Em busca de combater a aplicação desse ato de força é que surge a figura da Constituição e as doutrinas limitadoras do tributo e com o passar dos tempos, a relação tributária passa a ser regulamentada pelo Direito. Napoleão Nunes Maia Filho realiza a seguinte afirmação:

> No percurso da história humana foi também constante a luta pela limitação da influência e do poder do próprio Estado, com suas marchas e recuos, seus momentos de afirmação e de declínio, sempre visando a elaboração de instrumentos formais, externos e superiores à vontade dos governantes, com eficácia capaz de manter a sua atuação dentro de seguros padrões de previsibilidade, cabendo a aplicação de meios corretivos em caso de sua transgressão[2]

Portanto, os movimentos constitucionalizantes foram certamente tentativas mais completas e consequentes para a formação de tais mecanismos de previsão e controle do poder estatal e, nessa perspectiva, a criação das formulações jurídicas do Direito Constitucional a mais alta expressão dessa aludida finalidade limitativa.

---

2   MAIA FILHO, Napoleão Nunes, **A Antiga e Sempre Atual Questão da Submissão do Poder Público à Jurisdição, In:** Revista Dialética de Direito Processual, **nº 1, abril de 2003. p. 152.**

Desta forma, fica assim estabelecido que a tentativa de reduzir a incidência tributária é algo antigo e recorrente na história humana.

A relação de conflito entre o contribuinte e o Estado, tem sua existência originária de muitos séculos, pois se trata da prática que tem origem próxima da própria existência do Tributo, entendimento compartilhado por Melina de Souza Rocha, a qual indica os seguintes elementos:

> A relação fisco-contribuinte é por sua natureza, marcada desde sempre por um confronto de vontades e idéias. De um lado, o contribuinte tende a ver o tributo como uma interferência estatal em seu patrimônio; de outro, o tributo representa um pilar fundamental para o funcionamento e funções do Estado. O tributo está, assim, no meio termo entre a liberdade do contribuinte em organizar seus negócios e a necessidade do Estado em arrecadar. É neste confronto, portanto, que surge o planejamento tributário.[3]

Em face desse conflito observa-se a tentativa das duas partes na tentativa de evitar ou maximalizar a tributação e nesse intento surge o planejamento tributário

---

3   LUKIC, Melina De Souza Rocha. Direito tributário e finanças públicas II. 2012. Disponível em: < http://academico.direito-rio.fgv.br/ccmw/images/4/42/DIREITO_TRIBUTARIO_E_FINANCA S_PUBLICAS_II_2012-1.pdf >. Acesso em: 12.03. 2013. p.05.

por parte do contribuinte. Portanto, se deve ter a consciência que o motivo para realizar o planejamento, como explicitado por Melina de Souza Rocha[4], não estão restringidas à esfera jurídica, pelo contrário, o principal deles é de ordem econômica, ou seja, em busca de economizar dinheiro. Passando a conhecer esse elemento pode-se concluir que o planejamento tributário, assim como demonstrado nas palavras de Heleno Torres designa "tão-só a técnica de organização preventiva de negócios, visando a uma lícita economia de tributos, independentemente de qualquer consequência dos atos projetados.[5]"

Sendo a busca de economia dos custos e a maximalização do ganho em sua atividade como sendo algo "inerente à racionalidade económica a minimização dos impostos a suportar, podendo utilizar-se várias vias para atingir tal desiderato, embora a fronteira de distinção entre elas nem sempre seja fácil de vislumbrar."[6] Fica clara essa afirmação, por exemplo, um marceneiro, que para construir uma cadeira, obtém a opção de duas

---

4   Ib idem. p.09.
5   **TORRES, Heleno Taveira.** Limites do Planejamento Tributário e a Norma Brasileira Anti-Simulação (LC 104/01). In: **Oliveira Rocha, Valdir de (Coord.). Grandes Questões Atuais do Direito Tributário, Vol.5, São Paulo: Dialética, 2001.** p.103.
6   **PORTUGAL. Tribunal Central Administrativo Sul.** Acórdão processo n° 04255/10, 15.2.2011. **Anais eletrônicos. Disponível em:** < **http://** http://www.dgsi.pt/jtca.nsf/0/717922be4ecb14e1802578490059ddf 7?OpenDocument > Acesso em: 05.05.2015. p.16.

espécies de madeiras diferentes para construí-la, sendo ambas de igual qualidade, mas obtidas por preços diferentes. Qual seria a escolha com apenas essas informações? Claro que a resposta unanime é a de menor valor, pois diminuiria o custo necessário para produzi-la, não necessariamente tendo que aumentar o lucro, mas aumentaria a competitividade e teria sua viabilidade de fabricação aumentada.

Uma das diversas motivações para a realização do planejamento econômico no Brasil é que além da alta carga tributária, que foi a maior da América Latina e superior à média dos países ricos, chegando a arrecadar R$ 1,728 trilhão em 2013[7] e em uma crescente chegou em 2017 a arrecadar R$ 2,172 trilhões e em 2018 arrecadar R$2,3 trilhões[8] e em maio de 2019 já arrecadou o primeiro trilhão,[9] batendo recorde com a rapidez da arrecadação. Há também o confuso, gigante e trabalhoso

---

7   MOREIRA, Assis. Brasil tem a maior carga tributária da América Latina, diz OCDE. **IN: Jornal Valor econômico.** Disponível em: <http://www.valor.com.br/brasil/3946654/brasil-tem-maior-carga-tributaria-da-america-latina-diz-ocde>. Acesso em: 20.05.2015.

8   Brasileiros pagam R$ 2,3 trilhões em impostos e país bate recorde de arrecadação em 2018. **Portal do Bitcoin. Wagner Riggs 23.dez.2018.   Disponível   em:** <https://portaldobitcoin.com/brasileiros-pagam-r-23-trilhoes-em-impostos-e-pais-bate-recorde-de-arrecadacao-em-2018/>. **Acesso em: 03.jun.2019.**

9   **Impostômetro já bate R$ 1 trilhão de tributos pagos em 2019.** Paraná Portal. Pedro Ribeiro 23.maio.2019. Disponível em: <https://paranaportal.uol.com.br/opiniao/sintonia-fina/impostometro-bate-r-1-trilhao-em-2019/>. Acesso em: 03.jun.2019.

regimento fiscal vigente e nesse mesmo sentido corrobora Fabrício Costa indicando que:

> É sabido que a carga tributária brasileira é motivo de duras críticas por toda a população e órgãos representativos das empresas. Para os diversos setores econômicos conhecido é o termo mercadológico "risco Brasil", que engloba não só a elevada monta de tributos a serem recolhidos, mas também a multiplicidade de deveres instrumentais a serem cumpridos pelo contribuinte.[10]

Com essa visão, Lima ao afirmar que "o sistema tributário brasileiro é considerado caro, complexo e, em muitos aspectos, regressivo e ineficiente. Contraria, assim, os princípios de um sistema tributário ideal"[11] Corrobora com esse entendimento João Damasceno tece mais detalhadamente os aspectos do regime tributário brasileiro.

> O exercício da atividade empresarial no contexto do sistema jurídico- tributário brasileiro - cujos equívocos, contradições e incertezas avolumam- se

---

10   CAMPOS, Fabrício Costa Resende de. **Planejamento tributário: aspectos legais e principiológicos.IN:** Revista Tributária e de Finanças Públicas. **SÃO PAULO: REVISTA DOS TRIBUNAIS, 01/2012 a 02/2012. p. 305 a 325. PORTUGUÊS. v.20 n.102. p.306.**

11   LIMA, Edilberto C. P. **Reflexão sobre tributação e reforma tributária no Brasil. IN:** Revista Planejamento e Politicas Publicas, n. 20, Brasília: IPEA, dez. 1999. p. 14.

continuamente, restando tão-somente a certeza do tendente avanço voraz do Estado sobre as riquezas produzidas no país - reclama necessariamente atenção especial para o conjunto de normas que integram o que se define como direito-custo. Não por outra razão é que percebemos a prática do planejamento tributário no Brasil como alternativa necessária e essencial à otimização dos resultados dos empreendimentos negociais ou, em não raros casos, como condição sine qua non de sobrevivência das organizações. No setor de serviços, frente às recentes e substanciais alterações do peso da tributação de competência federal, o planejamento tributário se revela imprescindível para evitar o confisco do resultado líquido do exercício da atividade empresarial.[12]

Sendo esse um dos principais motivos fundamentadores da prática em que se busca a redução da incidência do tributo. Francisco Roberto indica que o ordenamento jurídico ao estabelecer a maioria dos tributos do tipo "declaratório" (o contribuinte fica responsável por prestar toda a operação tributária como nos tributos por homologação-imposto de renda), o que reforça que seja decisão do contribuinte a aplicação do planejamento tributário[13].

---

12   MIRANDA, João Damasceno Borges de; LEMOS, Alexandre Marques Andrade. Planejamento tributário para empresas prestadoras de serviços em face das recentes alterações legislativas. In: PEIXOTO, Marcelo Magalhães (Coord.). Planejamento tributário. São Paulo: Quartier Latin, p. 571-591. 2004. p. 577.
13   PINTO, Francisco Roberto. Evasão fiscal como estratégia:

Portanto sendo necessário pra toda atividade econômica, especialmente no caso de empresas, que tenha a pretensão de sobreviver e não ir à falência, a prática do planejamento tributário. Consequentemente é "justo imaginar que isso não se deva a uma inclinação a criminalidade por parte dos empresários brasileiros, porque seria o mesmo que admitir a existência de um problema geral de conduta ética naquela categoria."[14] Tanto que foi realizado pesquisa para análise da rejeição moral da prática da fuga ilegal do tributo e o resultado é o seguinte:

> [...] percebeu que os inquiridos não empresários pareciam ser mais solidários com as empresas que praticam Evasão Fiscal do que com o Estado que perde arrecadação. Isso é um evidente contrassenso, quando se considera que o papel de todo governo (principalmente o democrático) é representar os cidadãos e estar a seu serviço, gerindo os bens comuns (res-publica).[15]

Fica claro que a tentativa de reduzir tributos, mesmo que ilegalmente, não é uma prática que a sociedade em sua maioria considere ruim ou indesejada, sentimento

---

percepções de empresários brasileiros. **FORTALEZA: EDUECE, 2012. p.43.**
14   Ib idem. p. 26.
15   Ib idem. p.27.

gerado pelo resultado do tributo ter como origem uma relação de poder uma relação desproporcional de forças.

Registre-se que a pratica ilegal, não somente por sua tipificação, mas deve ser combatida, pois é desleal com as demais empresas, gerando desigualdade de concorrência comercial.

Por fim, fica claro que o tributo é um ato de força, uma relação de poder e que no Brasil a tributação é severamente contestada, por sua complexidade e pelo peso financeiro exercido e que é natural combatê-lo, dentro dos meios legais.

1.2 Conceitos utilizados

Para iniciar o debate acerca do planejamento tributário se faz necessário a delimitação e conceituação de alguns termos necessários para o bom entendimento e desenvolvimento do presente trabalho.

Inicialmente se apresentará o conceito inicial para planejamento tributário de Maíra Carvalhaes Lott, o qual trata basicamente como sendo "um instrumento redutor dos custos fiscais que deve respeitar a lei integralmente, mas procurando negócios jurídicos com menor ou nula tributação."[16] Resumindo, é o meio de reduzir o efeito econômico do tributo por meios lícitos.

Similarmente Gustavo da Silva Amaral apresenta como sendo "o objetivo precípuo do planejamento tributário é o de traçar caminhos possíveis e economicamente mais benéficos para a organização ou reestruturação de negócios".[17]

Nesse mesmo viés Adriano Keith Y. Haga traz conceituação semelhante, e acrescenta, que as possibilidades de planejamento são oferecidas pela própria norma jurídica, indicando que:

> [...] o agente visa a certo resultado econômico mas, para elidir ou minorar a obrigação fiscal que lhe está legitimamente correlata, busca, por instrumentos sempre lícitos, outra forma de exteriorização daquele resultado dentro do feixe de alternativas válidas que a lei lhe ofereça[18]

Adriano Keith Y. Haga afirma ainda que é a "atividade de estruturação de sistemas legais, de forma

16   LOTT, Maíra Carvalhaes. O Alcance e as limitações do planejamento tributário no brasil: **uma abordagem conceitual e crítica. Revista Dialética de Direito Tributário. SÃO PAULO: DIALÉTICA, 03/2013. p. 60 a 72. n.210.p.60.**
17   AMARAL, Gustavo da Silva. Elisão Fiscal e Norma Geral Antielisiva. **Porto Alegre: IOB – Thomson, 2004. p.74.**
18   HAGA, Adriano Keith Yjichi. Interpretação do parágrafo único do artigo 116 do Código Tributário Nacional – **Planejamento tributário e finalidade da norma. Fiscosoft - Site Fiscal e Jurídico. Anais eletrônicos. Disponível em: < http://www.fiscosoft.com>. Acesso em 14.4.2014.**

preventiva, realizado por pessoa física ou jurídica de maneira que melhor lhe atenda, com o escopo de gerar de forma transparente e lícita a economia tributária."[19] Observa-se um novo elemento nessa conceituação, que é a pratica preventiva, ou seja, a pessoa se organiza de determinada forma antes do tributo ser gerado. E esse estudo anterior à ocorrência do fato gerador é um dos principais elementos do planejamento tributário aceito e lícito.

1.2.1 Elisão, evasão e elusão tributária

Em um estudo um pouco mais aprofundado acerca de planejamento tributário, o leitor se depara com uma diversidade de nomenclaturas que buscam conceituar os atos praticados em busca da realização do planejamento fiscal, como indica Ivo César Barreto de Carvalho, o qual se aprofunda na resolução desse desacordo conceitual:

> A primeira questão que envolve este estudo cinge-se à dificuldade semântica em torno dos diversos termos abordados. Há inúmeras expressões utilizadas nos ordenamentos jurídicos pátrio e

---

19   Ib idem.

estrangeiro, o que não permite apenas uma simples importação e tradução de conceitos.[20]

E alguns dos principais termos empregados são Evasão Tributária, Elisão Tributária e Elusão Tributária. Por exemplo, Hugo de Brito Machado apresenta a seguinte conceituação:

> Realmente elidir é eliminar, ou suprimir, e somente se pode eliminar, ou suprimir, o que existe. Assim, quem elimina ou suprime um tributo está agindo ilicitamente, na medida em que está eliminando, ou suprimindo, a relação tributária já instaurada. Por outro lado, evadir-se é fugir, e quem foge está evitando, podendo a ação de evitar ser preventiva. Assim, quem evita pode estar agindo licitamente.[21]

A conceituação de Hugo de Brito indica evasão para as condutas licitas e elisão para as ilícitas, conceituação que apesar de ser razoável, quando se busca a origem etimológica da palavra, e seria a mais correta linguisticamente, não é a mais utilizada. Pois já há

---

20   CARVALHO, Ivo César Barreto de. Elisão tributária no ordenamento jurídico brasileiro. **São Paulo : MP Ed., 2007. p.7.**
21   **MACHADO, Hugo de Brito.** A norma antielisão e outras alterações do CTN. **Repertório IOB de Jurisprudência, 1" quinzena de abril de 2001, n. 7, p. 193-199. Caderno 1. p. 199.**

nomenclaturas culturalmente estabelecidas, como a de Heleno Torres traz três termos de maneira diversa:

> i) evitando a incidência tributária ou se sujeitando a regime mais favorável sem contrastar frontalmente o ordenamento, mediante legítima economia de tributos (elisão)-, ii) descumprindo a legislação diretamente (evasão); ou iii) utilizando-se de negócios aparentemente válidos, mas constituídos com fraude à lei civil ou simulados e que geram o mesmo efeito de afastar-se do campo de incidência de tributos ou coincide com hipóteses de incidência menos onerosas, como entendemos; ou como ocorre em outros ordenamentos, usando de negócios lícitos (atípicos, indiretos ou fiduciários), que não se constituam em simulações, com o objetivo de contornar a norma tributária (elusão)[22]

Em face dessas divergências, fica estabelecido para o presente trabalho, a adoção dos conceitos, doravante apresentados, pois pareceram mais fundamentados e tendentes a ser a uniformização conceitual. Acerca de evasão tributária Aliomar Baleeiro conceitua:

> Evasão é o nome genérico dado à atitude do contribuinte que se nega ao sacrifício fiscal. Será lícita ou ilícita. Lícita quando o contribuinte a pratica

---

22   MACHADO, Hugo de Brito. Direito tributário e direito privado: **autonomia privada, simulação, elusão tributária. São Paulo: Revista dos Tribunais, 2003. p. 173-174.**

sem violação da lei. O fumante que deixa de fumar ou passa a preferir cigarro mais barato está no seu direito. O opulento negociante que transforma a sua firma em sociedade anônima com ações ao portador e ainda se abstém de distribuir lucros, acumulando-os em reservas, evade-se licitamente de grande parte do imposto de renda, conforme a lei o tolerar. Mas não é lícita, por exemplo, a evasão caracterizada pela ocultação de títulos ao portador, na liquidação de heranças, se no país não há imposto sub-rogatório daquele tributo.[23]

Sendo então, que fica posto que evasão é o termo que designa a ação de reduzir (minorar ou zerar) a incidência de tributação e para tanto utilizando-se de meios lícitos ou meios ilícitos, como um gênero que contêm duas espécies.

Quanto à Elisão tributária, Flávio Augusto indica os seus elementos caracterizadores, como sendo os seguintes:

> [...] o planejamento tributário (ou elisão fiscal) é todo procedimento que busca evitar (ou reduzir) o pagamento de tributos, sempre (i) antes de ocorrido o respectivo fato gerador, (ii) dentro dos estritos limites legais e (iii) sem que tenha havido fraude ou simulação.[24]

---

23   BALEEIRO, Aliomar. Uma introdução à ciência das finanças. 14. ed. Rio de Janeiro: Forense, 1986. p. 152-153.
24   PRADO, Flávio Augusto Dumont. O Planejamento

Portanto, fica evidente que o planejamento tributário, denominado também de elisão, é aplicado somente aos atos lícitos, praticados em conformidade com a legislação vigente, com o fito de realizar o menor pagamento de tributos possíveis. E nessa mesma vertente Roque Antônio Carrazza aplica a conceituação de que Elisão deve ser entendida "como conduta lícita, omissiva ou comissiva, do contribuinte, que visa impedir o nascimento da obrigação tributária, reduzir seu montante ou adiar seu cumprimento".[25]

Por fim, Ivo César corrobora com os entendimentos já apresentados e acrescenta a figura da Elusão tributária, como demonstrado didaticamente a seguir:

> a) evasão: conduta praticada pelo indivíduo tendente a fugir preventivamente (lícita) ou escapar furtivamente (ilícita) da tributação, sendo a primeira antes da ocorrência do fato jurídico tributário e a segunda após a ocorrência deste; '
>
> b) elisão: conduta praticada pelo indivíduo, mediante atos ou negócios jurídicos válidos e permitidos pela

Tributário à Luz do Novo Código Civil. In: **Marcelo Magalhães Peixoto, José Maria Arruda de Andrade (coord.). Planejamento Tributário. São Paulo: MP Editora, págs. 327 a 341, 2007. p. 328.**
25   **CARRAZZA, Roque Antonio.** Curso de Direito Constitucional Tributário. **13. ed. rev. ampl. e atual São Paulo: Ed. Malheiros, 1999. p .228.**

ordem jurídica, no intuito, exclusivo ou não, da economia fiscal, ao que chamamos de planejamento tributário; e

c) elusão: conduta praticada pelo indivíduo, mediante a realização de atos ou negócios jurídicos permitidos pela ordem jurídica, mas desprovidos de causa, com intuito exclusivo de economia fiscal, por intermédio da violação indireta da lei. [26]

Observa-se na conceituação citada, que Elusão é a prática de negócios jurídicos ilusórios ou simulacros da realidade, ou seja, praticados com simulação, figura que se classifica dentro da esfera do ilícito.

1.3 Elementos do Planejamento Tributário

No presente momento vislumbra-se agora a necessidade de apresentar os elementos constituidores dos planejamentos tributários.

E o principal elemento do planejamento tributário é a sua origem, que é a autonomia da vontade, que Heleno Torres realiza essa conjectura da importância da

---

26   CARVALHO, 2007. op. cit. p.29.

autonomia privada e da autonomia individual, como sendo elementos intrínsecos, afirmando:

> Se a autonomia privada decorre de uma composição de princípios democráticos garantidores do exercício da cidadania e, desse modo, vinculados aos interesses maiores da comunidade, como instrumento para a realização dos objetivos políticos e econômicos que a sociedade pretende alcançar num determinado momento histórico; a autonomia da vontade é algo intrínseco ao indivíduo, aos seus interesses, isoladamente, no seio de uma dada relação negociai. Autonomia privada e a autonomia da vontade apresentam, assim, uma indissolúvel ligação, de tal modo efetiva que muitos as confundem entre si, utilizando a expressão autonomia privada como sinônimo de autonomia da vontade.[27]

Portanto, observa-se que a base do planejamento é o livre arbítrio, o elemento basilar constituidor do ser humano, de sua dignidade e de sua cidadania, escolhas que podem ocorrer de diversas formas.

Tempo em que o planejamento será realizado pode ser realizado em diversos momentos, como indicado por Paulo Andrez Pinheiro Gubert, [28] indicando que pode ser

---

27   TÔRRES. 2001. op. cit. p. 119
28   GUBERT, Pablo Andrez Pinheiro. Planejamento tributário: análise jurídica e ética. Disponível em: <http://www.tributarista.org.br/content/estudos/etica.html>. Acesso em: 31.7.2014.

realizado antes da geração do fato gerador ou utilizado de procedimentos da esfera administrativa ou do judiciário.

No mesmo sentido Gilberto Luiz do Amaral apresenta os mesmos momentos em que a o planejamento fiscal pode ser aplicado:

a) No âmbito da própria empresa, através de medidas gerenciais que possibilitem a não-ocorrência do fato gerador do tributo, que diminua o montante devido ou que adie o seu vencimento. Exemplo: para possibilitar o adiamento do tributo na prestação de serviços, o contrato deve estabelecer o momento da realização da receita.

b) No âmbito da esfera administrativa que arrecada o tributo, buscando a utilização dos meios previstos em lei que lhe garantam uma diminuição legal do ônus tributário. Exemplo: para possibilitar o enquadramento de um produto numa alíquota menor de IPI, deve a empresa adequá-lo técnicamente e requerer a nova classificação junto à Receita Federal.

c) No âmbito do Poder Judiciário, através da adoção de medidas judiciais, com o fim de suspender o pagamento (adiamento), diminuição da base de cálculo ou alíquota e contestação quanto à legalidade da cobrança. Exemplo: como a ânsia do poder público em arrecadar é enorme e urgente, nem sempre o legislador toma as cautelas devidas, instituindo ou majorando exações inconstitucionais e ilegais. Outro fator favorável é relativo à quantidade de normas tributárias, ocorrendo, muitas vezes, contradição entre elas. Como no Direito Tributário vige o princípio da dúvida em favor do contribuinte, compete a ele, então, descobrir estas contradições.[29]

Uma advertência que deve ser realizada é acerca da utilização do âmbito administrativo ou judicial para questionar o tributo e reduzi-lo. Nesse aspecto específico de questionamento do tributo a busca pela redução não deveria se enquadrar no conceito de elisão tributária, pois o que realmente ocorre é a busca da legalidade e da aplicação da lei conforme está disposta, pois quando a administração rever seus atos ou o são alterados pelo judiciário, o ocorrido é a correção de uma ilegalidade cometida pela administração pública no afã de buscar a maior arrecadação, apesar do agente que realizará a tributação, por vezes, já possuir o conhecimento que a cobrança é ilegal. Devendo o planejador tributário já está envolvido com o fato de que sabe que o Estado cometerá esse erro e deve corrigi-lo.

Portanto, entende-se que o planejamento tributário é uma pratica originária da autonomia da vontade e que pode se manifestar de forma antecipada, decidindo os atos que iram ocorrer no âmbito de gestão da empresa e

---

29   AMARAL, Gilberto Luiz do. A nova ótica do planejamento tributário empresarial. **Disponível em:** <http://www.tributarista.org.br/content/estudos/nova-otica.html>. Acesso em: 15.1.2015.

se enquadraram no fato tributado e pode ocorrer posteriormente ao fato com a adoção de atos no contencioso administrativo e por meio de processo judicial que postergará o momento do pagamento do tributo, permitindo um investimento imediato diferente gerando uma melhor locação de recursos que gere uma maior lucratividade. Sendo a parte principal do planejamento tributário a organização anterior ao fato tributado, que se faz necessário o estudo da regra tributária e como ela materializa o tributo por isso no tópico seguinte se apresentará a regra matriz e a estrutura do tributo.

1.3.1 Regra Matriz e estrutura do tributo

Para realização do planejamento tributário é necessário o conhecimento do que é tributo e a forma de sua incidência e concretização no mundo real. E para começar, fica posto a definição no Brasil de Tributo está estipulado no artigo 3º do Código Tributário Nacional (CTN), que preceitua o tributo como "toda prestação pecuniária compulsória, em moeda ou cujo valor nela se possa exprimir, que não constitua sanção de ato ilícito, instituída em lei e cobrada mediante atividade administrativa plenamente vinculada."

Dessa definição se extrai que o tributo é a imposição de uma obrigação a ser prestada em pecúnia (dinheiro), não tendo vínculo sancionatório e a sua concretização pela administração pública será regido conforme a legislação determinar.

Na análise do tributo observa-se que a norma instituidora (regra-matriz) é composta pelos seguintes elementos: hipótese de incidência; sujeito ativo; sujeito passivo; base de cálculo e alíquota.

A conceituação dos seguintes elementos pode ser apresentada da forma a seguir, iniciando com a hipótese de incidência que é melhor explicada por Geraldo Ataliba da seguinte forma:

> [...] hipótese de incidência é a descrição hipotética e abstrata de um fato. É parte da norma tributária. É o meio pelo qual o legislador institui um tributo. Está criado um tributo, desde que a lei descreva sua hipótese de incidência, a ela associando o mandamento "pague", já o fato imponível é o fato concreto localizado no tempo e no espaço, acontecido efetivamente no universo fenomênico, que – por corresponder rigorosamente à descrição prévia, hipoteticamente formulada pela hipótese de incidência legal – dá nascimento à obrigação tributária.[30]

---

30   ATALIBA, Geraldo. Hipótese de incidência tributária. **6ª ed.** São Paulo: Malheiros, 2000. p. 58.

Ou seja, hipótese de incidência é a estipulação do fato que há de ser tributado, indicando de forma clara e delimitada quais os fatos praticados no mundo real e jurídico que a tributação incidirá.

Já figura do sujeito ativo está disposta no artigo 119° do CTN, que traz em seu texto a seguinte afirmação "sujeito ativo da obrigação é a pessoa jurídica de direito público, titular da competência para exigir o seu cumprimento".

O sujeito ativo, portanto, é a quem se deve o tributo, podendo ser a União, o Estado ou o Município e a legislação indicará quem será o sujeito ativo. Não se deve confundir com competência para instituir o tributo, pois o sujeito ativo pode ser diferente. Por exemplo, o imposto sobre a propriedade territorial rural (ITR) apesar de ser de competência da União, a figura do sujeito ativo pode ser transferida para o Município caso esse realize todos os atos para aplicação e cobrança da tributação, que ficará com toda a arrecadação.

Enquanto o sujeito passivo "é a pessoa, natural ou jurídica, obrigada a seu cumprimento. O sujeito ativo, como vimos, tem o direito de exigir. O sujeito passivo tem o dever de prestar o seu objeto."[31] Apesar de haver casos em que o ônus real do tributo seja outro como os consumidores de um produto tributado, por meio de tributos indiretos, não altera quem é o sujeito passivo.

A base de cálculo é apresentada pelo Hugo de Brito Machado da seguinte forma:

> Base de cálculo é a expressão econômica do fato gerador do tributo. Há de estar contida na norma que descreve a hipótese de incidência tributária. Assim, quando a lei institui um tributo, há de se referir a uma realidade economicamente quantificável. Essa realidade é que nos permite identificar a espécie de tributo, muito especialmente distinguir e identificar a espécie imposto, a que mais direta e claramente se relaciona a uma realidade econômica.[32]

Ou seja, enquanto a hipótese de incidência é a estipulação do fato, a base de cálculo é indicação de qual valor esse fato gerou que será tributado, por exemplo em uma compra e vende de imóvel, a base de cálculo indicará qual o valor dessa relação que o tributo incidirá, podendo ser o valor da vendo que foi praticada, ou o valor da diferença entre o valor que o vendedor adquiriu o imóvel e a que ele revendeu, ou o valor da venda do

31   MACHADO, Hugo de Brito.Curso de direito tributário. 31. ed. São Paulo: Malheiros, 2010. p. 149.
32   Ib idem. p. 142.

imóvel excluindo os custos para a venda, ou seja, indicará como se obterá o valor básico para calcular o tributo.

Por último, Hugo de Brito continua a explicar alíquota, como elemento do tributo que é originário das ciências contábeis, sendo um conceito matemático e não jurídico:

> A palavra "alíquota" na linguagem dos matemáticos indica a parte ou a quantidade que está contida em outra em número exato de vezes. Pode significar também a relação entre a parte e o todo. No Direito Tributário tem sido utilizada geralmente para indicar o percentual aplicado sobre a base de cálculo para determinar-se o valor do tributo. O percentual, na verdade, expressa a parte que está contida no todo determinado número de vezes. Basta que se divida cem pelo percentual indicado e se terá o número de vezes que esse percentual está contido em cem, que é o todo.[33]

Sendo assim, o percentual que incide sobre a base de cálculo a ser cobrado como tributo, obtendo assim o valor do tributo que será pago pelo contribuinte.

Sendo que, somente se deve o tributo quando concretizado o fato, que foi estipulado pela hipótese de incidência, ou seja, "quando consumado o fato sobre o

---

33   Ib idem. p.143.

qual incide a norma de tributação, ou, em outras palavras, quando concretizada a hipótese de incidência tributária."[34] Portanto, são esses elementos a serem observados no momento de realizar o planejamento, pois com alguma alteração do fato, um desses elementos constituidores da regra-matriz tributária, pode gerar uma incidência diferente e com isso passando a uma tributação de valor menor.

1.3.1.1 A alteração do fato e a alteração do tributo

Um elemento utilizado para a realização do planejamento tributário é o momento da concretização do fato tributado. Pois conforme Maria de Fátima Ribeiro estipula, planejamento é "[...] a técnica de organização preventiva de negócios, visando a uma legítima economia de tributos, independentemente de qualquer referência aos atos posteriormente praticados. Esta economia de tributos pode ser total ou parcial, reduzindo-se a carga tributária incidente sobre os negócios jurídicos celebrados ou diferindo-a no espaço durante o ciclo operacional."[35]

---

34   Ib idem. p.137.
35   RIBEIRO, Maria de Fátima. Tributação e comércio eletrônico: considerações sobre planejamento tributário. In: PEIXOTO, Marcelo Magalhães (Coord.). Planejamento tributário. São Paulo: Quartier Latin, 2004. p. 555.

E nesse sentido conceitua Alberto Xavier que o planejamento tributário "Trata-se, em suma, de evitar a aplicação de certa norma ou conjunto de normas através de atos ou conjuntos de atos que visem impedir a ocorrência do fato gerador da obrigação tributária em certa ordem jurídica (menos favorável) ou produzam a ocorrência desse fato noutra ordem jurídica (mais favorável)." [36]

Observa-se que se trata de uma pratica preventiva a qual em muitas vezes evita-se o fato tributado e para tanto é necessário saber quando o tributo se concretiza.

Acerca da concretização do tributo, ou melhor dizendo, o momento que ele passar a incidir, é esclarecido por Carlos Roberto de Miranda Gomes:

A questão do exato momento em que nasce a obrigação tributária não é das mais difíceis. Como já vimos aos estudarmos as fases da obrigação tributária (principal), ela é criada abstratamente pela lei tributária (hipótese de incidência, segundo Geraldo Ataliba) e se caracteriza com a realização do fato gerador ou fato tributário (pressuposto ou descrição fática constante da norma matriz). É exatamente aí que nasce a obrigação tributária, ou seja: quando coincide a previsão legal com a realização efetiva do fato gerador. [37]

---

36   XAVIER, Alberto. Direito Tributário Internacional do Brasil. Rio de Janeiro: Forense, 1993, p. 233.
37   GOMES, Carlos Roberto de Miranda; CASTRO, Adilson

Ensina Flávio Augusto Dumont Prado[38] complementa que o planejamento tributário é todo procedimento que busca evitar ou reduzir o pagamento do tributo, utilizando para isso a alteração do fato, dentro dos limites legais e sem realizar fraude ou simulação.

Portanto, o tributo só incidirá com a execução do fato estipulado pela hipótese de incidência e com base nisso planeja-se o ato a ser praticado, por exemplo, para um comerciante de bebidas alcoólicas ao realizar o planejamento fiscal observa que a comercialização de tequila tem uma carga tributária mais alta no Estado do Ceará do que a comercialização de cachaça cearense, por haver uma defesa dos produtos locais, sabendo disso, o comerciante pode se planejar, analisando qual atividade incide menos tributo e optar por vender apenas cachaça excluindo o fato de veda de tequila e reduzindo o pagamento de tributos anteriormente pagos, quando da venda da diversas bebidas.

Gurgel de. Curso de direito tributário. **7. ed. Natal: Editora Nordeste,** 2005. p.45.
38   PRADO, 2007. op. cit. p. 328.

1.3.2 Negócio jurídico indireto

Na realização do planejamento tributário se observa que há uma prática que tende a se reiterar. Sendo esse ato, o negócio jurídico indireto que Xavier Alberto refere-se como sendo, "o negócio jurídico que as partes celebram para através dele atingir fins diversos dos que representam a estrutura típica daquele esquema negociai".[39]

Sendo então, que na pratica do negocio jurídico indireto, o negócio jurídico não é habitualmente utilizado ou o fim almejado é um dos efeitos comumente tidos por secundários da relação jurídica realizada, mas sempre é demonstrada a finalidade do negocio, ressalta-se que todos os atos são lícitos e os efeitos secundários estão legalmente determinados a acontecer. Sendo o diferenciador da simulação, pois a finalidade do negócio fica obscuro. Rutnéa Navarro Guerreiro explica ainda:

> No negócio indireto, as partes querem o negócio que realizam e desejam produzir e suportar, também, seus efeitos ostensivamente indicados, sujeitando-se à disciplina própria do negócio adotado. Porém, além desses efeitos, alcançam também o fim prático

---

39   XAVIER, 1993. op. cit. p. 59.

visado que, no caso de planejamento tributário, é a economia fiscal. Nada é clandestino ou simulado. E mesmo os fins que não sejam os típicos do negócio adotado, são lícitos, notórios e declaráveis.[40]

Portanto, se observa que o negócio jurídico indireto se trata de uma ação legal e legitima, mesmo que a intenção seja apenas a busca pela redução do custo tributário Ivo César assevera ainda:

> Às vezes, o negócio indireto é celebrado com o intuito de reduzir as conseqüências fiscais, pois o tipo legal prevê a tributação de forma menos onerosa na forma escolhida pelas partes. O negócio jurídico indireto surtirá os mesmos efeitos pretendidos pelas partes (se tivessem escolhido o negócio jurídico real), mas sem desencadear efeitos fiscais mais gravosos. São casos em que, em razão do negócio indireto, incidem neste alíquotas menores ou algumas deduções legais.[41]

Um exemplo simples é um pequeno comerciante que para pagar menos tributo (e.g. Imposto de Renda) cria uma pessoa jurídica individual limitada, e tudo com a intenção de reduzir seus gastos tributários, essa não é uma pratica habitual entre os pequenos comerciantes,

---

40   Ib idem. p.156.
41   CARVALHO. 2007. op. cit. p.213.

mas é legal e legitima. Vale salientar que a realização do negócio jurídico por vezes se concretiza por atos complexos ou pela utilização de multiplicidade de negócios jurídicos.

Sendo que Alberto Xavier indica que o negócio jurídico indireto pode gerar três efeitos:

> Nuns casos, a estrutura do negócio jurídico é elemento de previsão da norma tributária e a do negócio indireto não se encontra prevista em qualquer outro tipo de imposto: temos a figura do negócio indireto de exclusão.
>
> Noutras hipóteses, a estrutura do negócio jurídico é ainda elemento da previsão da norma tributária, enquanto que a do negócio indireto se encontra expressamente prevista numa norma de isenção: temos a figura do negócio indireto impeditivo.
>
> Nem sempre, porém, o negócio indireto pretende subtrair-se ou impedir qualquer tributação efetiva, ou a impedi-la pela realização de fato impeditivo, limitando-se a desencadear conseqüências fiscais menos gravosas do que as que resultariam do negócio direto correspondente: é o negócio indireto redutivo, o qual ainda pode atuar por duas vias distintas. Em certos casos, o negócio direto é elemento de previsão normativa e o negócio indireto elemento de outro tipo legal, cujas conseqüências fiscais são menos onerosas: é o negócio redutivo por substituição de fatos geradores. Mas noutras hipóteses o negócio direito é elemento de qualquer zona de estatuição (alíquota, deduções) e as partes recorrem a um negócio indireto que desencadeia

efeitos fiscais menos gravosos: é o negócio redutivo por substituição de elementos de estatuição.[42]

As hipóteses elencam a possibilidade de excluir, impedir e reduzir o tributo conforme a utilização dos negócios jurídico lícitos.

Vale indicar que a pratica dos negócios jurídicos indiretos sofrem muitas críticas, sendo um dos argumentos principais é a deslealdade para com os outros comerciantes que não o realizam. Isso traz a lembrança de que o comercio é um meio competitivo e aquele que se utiliza de formas para aumentar sua produtividade, mesmo que pioneiras, obtêm sucesso, ou iriam impedir Henry Ford de aplicar o procedimento da linha de montagem em esteiras, pois não era habitual apesar de economicamente eficiente? Portanto a pratica do negócio jurídico indireto é plenamente utilizável para a realização do planejamento tributário, pois é lícita, legal e se coaduna com os princípios da empresa em livre comercio.

---

42   XAVIER. 1993. op. cit. p. 60-61.

2 O PLANEJAMENTO TRIBUTÁRIO COMO DIREITO SUBJETIVO DO CONTRIBUINTE

O planejamento tributário reduz o rendimento do montante arrecadado do Estado por meio de tributos, o que é indesejado pelo fisco, o qual para combater a redução, busca várias formas para manter ou elevar a arrecadação, contudo há de ser defendido com a mais ferrenha das vontades o direito ao planejamento tributário e caso seja possível, que o contribuinte possa optar pela menor tributação, pois há na história e desembocando em nossa carta magna atual, institutos que defendem a busca pela redução do custo tributário. Fabrício Costa apresenta um breve construto histórico acerca, demonstrando que:

> Ao longo da história institucional da sociedade, a Carta Política foi recepcionada como meio de estabelecer a forma de Estado, forma de governo e sistema de governo, além de precisar como o poder é exercido dentro do Estado. Confunde-se o estabelecimento de Constituições com a própria luta de classes, tendentes a fortalecer os direitos e garantias fundamentais (direitos de Iª, 2º e 3ª gerações), e com a criação do sistema de checks and balances, com intuito específico de permitir que houvesse a separação dos poderes e o constante controle de um sobre o outro. A Constituição da

República de 1988, ao contrário da dita supremacia do interesse público sobre o privado, especifica limites à conduta do ente estatal: garante os direitos fundamentais e determina todo o critério de produção legislativa; estabelece quoruns qualificados para a edição de leis (ordinárias ou complementares); limita o poder constitucional reformador (cláusulas pétreas); cria uma seção própria sobre as limitações ao poder de tributar e defesa do patrimônio/capital do particular etc.[43]

Portanto as constituições e em especial a Constituição brasileira traz desde seus primórdios o intuito de limitação e regulação dos atos do Estado em busca da defesa do cidadão contra os atos tirânicos de intervenção na autonomia individual e sobre a propriedade individual, sendo um dos principais meios estatais o de tributar:

Justamente pelo caráter "dramático" da relação entre indivíduo e Estado, enquanto ente tributante, é que a aplicação dos direitos fundamentais na relação jurídico-tributária assume indiscutível relevo. Com efeito, a crescente invasão do Estado sobre a esfera das liberdades individuais em busca de recursos tributários torna indispensável a construção de uma doutrina que reconheça nos direitos fundamentais a proteção necessária contra as agressões às liberdades individuais.[44]

---

43   CAMPOS. 2012. op. cit. p.321.
44   PONTES, Helenilson Cunha. O Direito ao Silêncio no Direito Tributário, em Octávio Campos Fischer (Coordenador), Tributos e Direitos Fundamentais, Dialética, São Paulo, 2004, p. 82

Em vista disso, fica evidente que a Constituição elenca uma série de elementos, muitos deles principiológicos, que buscam a limitação do Estado em seus atos, inclusive e um dos mais relevantes que é o de tributar.

2.1 O fundamento constitucional do Planejamento Tributário

Desde tempos antigos o Governante ou Estado, figuras que se confundiam, como na conhecida afirmação do rei francês Luis XIV que ele era o Estado, agem com soberania, imperatividade e por muitas vezes ao arbítrio desmoderado dos governantes e com a evolução histórica, vários institutos sugiram para limitá-lo:

> No percurso da história humana foi também constante a luta pela limitação da influência e do poder do próprio Estado, com suas marchas e recuos, seus momentos de afirmação e de declínio, sempre visando a elaboração de instrumentos formais, externos e superiores à vontade dos governantes, com eficácia capaz de manter a sua atuação dentro de seguros padrões de

previsibilidade, cabendo a aplicação de meios corretivos em caso de sua transgressão. Terão sido os movimentos constitucionalizantes certamente as tentativas mais completas e consequentes para a formação de tais mecanismos de previsão e controle do poder estatal e, nessa perspectiva, a criação das formulações jurídicas do Direito Constitucional a mais alta expressão dessa aludida finalidade limitativa.[45]

Desta forma a Constituição surgiu com o fito de assegurar em suma a proteção dos cidadãos em face da arbitrariedade estatal. É verdade que a Constituição também é um instrumento formador do Estado, fundando-o, como a americana e posteriormente se tornou instrumento para estabelecer direitos sociais, como nas constituições de Weimar e na mexicana. Mas a primeira função da constituição e "la finalidad última de la Constitución es asegurar la libertad, la dignidad y el bienestar dei hombre en la sociedad, mediante limitaciones a la acción dei poder público,"[46] portanto sendo utilizada para estabelecer limites à arbitrariedade dos governantes.

---

45   MAIA FILHO. 2003. op. cit. p. 152.
46   DUGUIT, Léon. Traité de Droit Constitutionnel. **30ª edition.** Paris: Fontemoing, 1928. p. 835.

Cláudio de Oliveira faz um levante dos institutos constitucionais que realizam a defesa do contribuinte e sustenta a realização do planejamento tributário:

[...] "os valores sociais do trabalho e da livre iniciativa" como fundamento (artigo 1º, IV) da nova República, a Lei Maior tratou de garantir direitos fundamentais como a legalidade (ao estabelecer que "ninguém será obrigado a fazer ou deixar de fazer alguma coisa senão em virtude de lei", inciso II do artigo 5º), a intimidade ("artigo 5º, X - são invioláveis a intimidade, a vida privada, a honra e a imagem das pessoas, assegurado o direito a indenização pelo dano material ou moral decorrente de sua violação") e o direito de exercício de atividade profissional ("XIII - é livre o exercício de qualquer trabalho, ofício ou profissão, atendidas as qualificações profissionais que a lei estabelecer") a Constituição veicula clara mensagem no sentido de que aos indivíduos deve ser assegurada plena liberdade na definição do conteúdo e da forma dos empreendimentos econômicos que pretendem realizar. ofício ou profissão, atendidas as qualificações profissionais que a lei estabelecer") a Constituição veicula clara mensagem no sentido de que aos indivíduos deve ser assegurada plena liberdade na definição do conteúdo e da forma dos empreendimentos econômicos que pretendem realizar. Acresça-se ao quanto exposto o fato de que "a valorização do trabalho humano" e a "livre iniciativa" são também fundamentos da ordem econômica, conforme previsão do artigo 170 da Constituição, o que contribui para se perceber que uma das finalidades básicas buscadas pelo Texto Constitucional foi justamente impedir que o Estado estabelecesse, de maneira arbitrária e unilateral, quais condutas empresariais poderiam ou não poderiam ser adotadas.[47]

Em suma, traz a indicação dos seguintes princípios: legalidade; livre iniciativa econômica e laboral, como sendo defensores da pratica do planejamento tributário. Entretanto a lista de elementos constitucionais defensores do constituinte se estende com mais fundamentações de conforme Ivo César prolonga a lista apresentada, em busca da elisão fiscal:

A princípio, esta prática não pode ser vedada pelo ordenamento jurídico brasileiro, posto que o planejamento tributário é técnica perfeitamente lícita no País, conforme dispõem os dispositivos constitucionais prescritos nos arts. 5°, II (princípio da legalidade geral) e XXII (direito individual de propriedade), 150,1 (da legalidade tributária estrita) e IV (direito ao não- confisco).[48]

---

47   COLNAGO, Cláudio de Oliveira Santos. O planejamento tributário como decorrência do direito fundamental à autonomia privada e a restrição do parágrafo único do art. 116 do CTN. **Revista Tributária e de Finanças Públicas, São Paulo, n. 109, pp. 269-277, mar-abr. 2013. p. 271.**

48   CARVALHO. 2007. op. cit. p.58.

Portanto a Constituição é uma carta de organização e limitação ao Estado, sendo a principal e primeira função a de limitação do poder do governante. Constituindo os princípios constitucionais limitantes do poder estatal e os que estão elencados na Constituição brasileira de 1988 serão os que passam a ser esmiuçados, iniciando pela liberdade individual, que se apresenta pelo princípio da autonomia da vontade e o da livre iniciativa.

2.1.1 Princípio da autonomia da vontade e Princípio da livre iniciativa

O estudo do princípio da autonomia da vontade e o da livre iniciativa será realizado conjuntamente, pois o primeiro é basilar e engloba todos os princípios que de alguma forma concede liberdade em seu livre arbítrio, portanto há o primeiro elemento básico que defende diversos outros princípios, elemento este que é a autonomia da vontade:

> [...] existe uma esfera mínima de liberdade individual do cidadão que se aplica na definição de sua atividade empresarial, a qual não pode ser devassada pelo Poder Público. Trata-se da autonomia da vontade que, longe de se limitar aos

confins das regras materiais civis, consiste em verdadeiro vetor hermenêutico de índole constitucional.[49]

O princípio da autonomia da vontade é um dos princípios de grande escala, pois até mesmo para algumas religiões, o livre arbítrio é um elemento definidor do ser humano, apresentada como benção que foi concedida por Deus, destinada unicamente ao ser humano.

Com base no livre arbítrio, aplicado ao direito tributário, Ives Gandra da Silva Martins e Paulo Lucena de Menezes apresentam a afirmação de que na possibilidade de escolha entre duas ações diferentemente tributadas, a pessoa pode fazer a escolha ao seu bel prazer, "os contribuintes dispõem de liberdade para pautar as suas condutas e os seus negócios da forma menos onerosa possível, não existindo regras que lhes imponham a obrigação de, entre duas ou mais realidades semelhantes, optar por aquela que implica o maior recolhimento de tributos."[50]

---

49   COLNAGO. 2013. op. cit. p.271.
50   MARTINS, Ives Gandra da Silva; MENEZES, Paulo Lucena de. Elisão Fiscal. **Revista Dialética de Direito Tributário, São Paulo, Dialética**, n. 63, p. 159, dez/2000. p. 159.

Tal afirmação é reiterada por diversos estudiosos, assim como afirma Carlos Maria Giuliani Fonrouge [51]que, "cualquiera puede arreglar sus asuntos de tal modo que su impuesto sea lo más reducido posible; no está obligado a elegir la fórmula más productiva para la tesorería; ni aun existe el deber patriótico de elevar sus propios impuesto".

Sabe-se que nenhum princípio é absoluto e reina sobre os outros de forma incontestável, mas existe um núcleo mínimo intangível para a sobrevivência de referido princípio. Assim, mesmo havendo algumas limitações ao princípio da autonomia da vontade, ainda deve ser observado, como indicado por Gustavo da Silva Amaral, "em que pesem as limitações à livre iniciativa, esta permanece produzindo seu efeito, qual seja o de autorizar a escolha de uma das atividades empresariais lícitas, impondo ao empresário o seu exercício segundo os limites legais a que tal atividade está sujeita."[52] Nesse mesmo sentido Ruy Barbosa Nogueira afirma que:

> [...] desde que o contribuinte tenha estruturado os seus empreendimentos, as suas relações privadas, mediante as formas normais, legítimas do direito privado e com essa estruturação incida em menor tributação, ele estará apenas se utilizando de

---

51   FONROUGE, Carlos M. Giuliani. Derecho Financiero. **Vol. II. 3a ed. Buenos Aires: Depalma, 1976. p. 648-649.**
52   **AMARAL. 2004. op. cit. p.56.**

faculdades asseguradas pela ordem jurídica. O fisco não pode influir na estruturação jurídico-privada dos negócios do contribuinte para provocar ou exigir maior tributação.[53]

Marco Aurélio Greco, quando analisando os ditames constitucionais, endossa a referida alegação de autonomia do indivíduo e gerir suas ações, mesmo que em busca unicamente de não pagar tributos:

Esta busca da menor carga tributária legalmente possível envolve o uso de uma liberdade individual prestigiada pela Constituição; seja na liberdade de iniciativa (CF/88, artigo 1º, IV e artigo 170, caput), seja na livre concorrência (artigo 170, IV), seja nas puras liberdades do artigo 5º, encontra-se a liberdade de cada um organizar sua vida que se expressa, predominantemente, no exercício da liberdade contratual. Enfim, o ordenamento constitucional consagra uma liberdade para o cidadão e o chamado planejamento tributário surge a partir da ideia de exercício de uma liberdade de montar os próprios negócios, organizar a própria vida de modo a pagar o menor tributo legalmente possível.[54]

---

53   NOGUEIRA, Ruy Barbosa. Curso de direito tributário. **15. ed. atual. São Paulo: Saraiva, 1999. p. 201.**
54   GRECO, Marco Aurélio. Planejamento tributário. **São Paulo: Dialética, 2004, p. 109.**

Por tanto, conclui-se que o princípio da autonomia e da livre iniciativa é basilar, para a realização do planejamento tributário. Pois fora das possibilidades proibidas pela lei, o contribuinte pode escolher infinitas ações possíveis e inimagináveis, fato que será mais abordado no tópico a seguir com o princípio da legalidade. Mas deve-se realizar a defesa a esse princípio por ser algo que a nossa constituição e todas as pessoas e os estados federalizados, por meio de seus agentes e governantes devem buscar. Fato que faz do planejamento tributário fato defendido pela constituição.

2.1.2 Princípio da Legalidade Tributária

O princípio da legalidade é um princípio de duas faces, pois ele limita as atitudes do Estado e do contribuinte. Mas na esfera tributária tem o foco maior em limitação dos atos dos agentes estatais, que se origem embrionária com a lei das doze tábuas romanas, criada após revolta popular, para conceder segurança jurídica para o povo e evitar o arbítrio estatal e dos juízes, revolta que requereu a codificação e publicação da legislação. Posteriormente no período das criações das constituições, o princípio da legalidade ganhou força na limitação das monarquias absolutas, conforme estabelece Cláudio Pacheco:

[...] essa base consensual do tributo foi uma das aspirações coletivas sustentadas em árduas lutas contra o absolutismo monárquico, que se exercia desregradamente no campo das imposições fiscais, quando ainda não era bem patente sua finalidade de interesse público e saíam a cobrá-las a ordem e agentes de soberanos que precisavam de recursos para seus confortos, seus luxos, suas ostentações, para a realização de seus interesses dinásticos e para as suas guerras de pendor pessoal ou de conquista.[55]

Aliomar Baleeiro fundamenta a aplicação do princípio da legalidade quando rememora a luta para sua aplicação na Inglaterra, nos Estados Unidos, na França:

O mais universal desses princípios, o da legalidade dos tributos, prende-se à própria razão de ser dos Parlamentos, desde a penosa e longa luta das Câmaras inglesas para efetividade da aspiração contida na fórmula "no taxation without representation", enfim, o direito de os contribuintes consentirem - e só eles - pelo voto de seus representantes eleitos, na decretação ou majoração de tributos. As Constituições, desde a independência americana e a Revolução Francesa, o trazem

---

55 PACHECO, Cláudio, Tratado das Constituições Brasileiras, Freitas Bastos, Rio de Janeiro, v. III, 1965. p. 393.

expresso, firmado a regra secular de que o tributo só se pode decretar em lei, como ato da competência privativa dos Parlamentos[56]

Em face ao demonstrado, a legalidade é algo que assegura tanto a defesa do contribuinte contra os desmandos dos governantes, tanto quanto de certa forma legitima a aplicação do tributo. Bilac Pinto, em estudos de direito público, leciona acerca da possibilidade de determinação dos fatos a serem tributados, pelos agentes do fisco de forma discricionária, como sendo uma violação aos princípios da legalidade e ao sistema constitucional brasileiro:

> A admissão da tese de que as autoridades fiscais podem opor uma apreciação econômica à definição legal do fato gerador ou que lhes é facultado eleger, por meio de critérios econômicos subjetivos, um devedor do imposto diverso daquele a quem a lei atribui a obrigação de pagar o tributo, equivale a esvaziar o princípio da legalidade do seu conteúdo. A substituição do critério jurídico, que é objetivo e seguro pelo do conteúdo econômico do fato gerador implica trocar o princípio da legalidade por cânones de insegurança e de arbítrio, incompatíveis com o sistema constitucional brasileiro.[57]

56   BALEEIRO, Aliomar. Direito tributário brasileiro. **Atual. Misabel Abreu Machado Derzi. 11. ed. Rio de Janeiro: Forense, 2004. p. 90.**
57   Pinto, Bilac. Estudos de direito público. **Rio de Janeiro: Forense, 1953. p. 74**

César Guimarães Pereira salienta outro ponto acerca do princípio da legalidade, que é a impossibilidade de se estabelecer conceitos indeterminados para a determinação de tributos e das competências auferidas pelos agentes do fisco:

> O princípio da legalidade não permite a construção de normas tributárias com o emprego de conceitos jurídicos indeterminados, também porque se trata de normas que outorgam competência administrativa: a outorga de competência mediante conceitos indeterminados equivale a um "cheque em branco" para a Administração, o que é incompatível com o direito tributário.[58]

Com base na argumentação acima, estabelece-se que todos os atos de tributação devem estar determinados pela lei e nenhuma possibilidade de discricionariedade pode estar presente na realização da tributação.

Por fim o planejamento tributário tem fundamento constitucional pelo princípio da legalidade. Mas é motivo

---

58 **PEREIRA, César A. Guimarães.** A elisão tributária e a Lei Complementar nʺ 104/2001. **In: ROCHA, Valdir de Oliveira (Coord.). Planejamento tributário e a Lei Complementar nº 104. São Paulo: Dialética, p. 23-46. 2001. p. 35.**

de muita discursão e embates entre fisco e contribuinte, divergências que precisam ser abordadas com maior minúcia a seguir.

2.1.1.1 Princípio da legalidade aplicada ao estado e ao contribuinte

O princípio da legalidade possui duas faces que são denominadas em princípio da legalidade geral, destinado ao contribuinte, e o princípio da legalidade estrita, destinado ao fisco. Sendo o primeiro aplicado ao contribuinte, indicando que a pessoa está permitida a realizar tudo que queira, exceto o que estabelece as imposições legais já o segundo é destinado aos agentes estatais e o fisco, estabelecendo que as ações realizadas por eles somente podem ser realizadas se a legislação determinar. E ambos princípios conferem legitimidade ao planejamento tributário, como indica Ivo César:

> O planejamento tributário tem fundamento constitucional no enunciado do preâmbulo da Carta da República de 1988, que, ao instituir um Estado Democrático, destinou-se a assegurar, entre outros, a liberdade, a segurança e o desenvolvimento. O planejamento tributário é permitido

constitucionalmente, mediante outras garantias elencadas na Constituição Federal, basicamente no princípio da legalidade geral (art. 5°, II) e da legalidade tributária estrita (art. 150,1).[59]

Ives Gandra da Silva Martins ressalta da mesma forma, indicando que "o artigo 150, inciso I, torna constitucionais os princípios da estrita legalidade, da tipicidade fechada e da reserva absoluta da lei formal, no direito tributário brasileiro"[60]

Sendo que o princípio da legalidade ampla, que atinge o contribuinte, estabelece o poder de agir de qualquer maneira e possuindo como restrição, apenas o que a lei proibir, enquanto o princípio da legalidade estrita, atinge o Estado e seus agentes, ao estabelecer que o agente público só poderá agir da forma com que a lei estabelecer e qualquer ação realizada fora da estipulação legal será proibida, assim como explica Cláudio de Oliveira Santos:

> Assim, uma vez tendo o Constituinte estabelecido que há uma esfera mínima protegida do Estado (autonomia privada) quando de sua atuação, as hipóteses em que o Poder Público poderá nela penetrar somente serão aquelas estabelecidas em

---

59   CARVALHO. 2007. op. cit. p. 111.
60   MARTINS. 2001. op. cit. p. 120

lei, a qual não poderá conferir autorizações genéricas à atuação estatal, cabendo a ela regular as hipóteses em que tal intervenção seja necessária para concretizar os mesmos princípios que justificam a liberdade individual do contribuinte.[61]

Sacha Calmon Navarro Coêlho ressalta ainda os efeitos da outros efeitos do princípio da legalidade estrita:

[...] em Direito Tributário, tão marcado pelo princípio da legalidade, não deve o intérprete aplicador, mesmo diante de casos de elisão, superpor-se á lei. A função de reprimir a evasão em razão de lacunas é do legislador nunca do administrador. [...] penso que as lacunas da lei, os loopholes como dizem os americanos, só devem ser suprimidos pela lei, para o bem de todos. Ainda que alguns estejam levando vantagem é preferível manter o princípio da legalidade do que estender ao Administrador poderes que amanhã se tornariam muito difíceis de controlar, além de impor ao Judiciário como poder revisor do ato administrativo, a obrigação de estar a verificar, caso a caso, a razoabilidade fiscal dos contratos.[62]

---

61   COLNAGO. 2013. op. cit. p. 272 e 273.
62   COÊLHO, Sacha Calmon Navarro. apud, APOCALYPSE, Sidney Saraiva. A regra antielisiva. **Apenas uma dissimulada intenção. In: ROCHA, Valdir de Oliveira (Coord.). Planejamento tributário e a Lei Complementar n° 104. São Paulo: Dialética, p. 307-319. 2001. p. 317.**

Portanto, é sabida a necessidade de respeito do princípio da legalidade para que o cidadão seja protegido das arbitrariedades do ente estatal e para manter todo o rol dos direitos humanos que podem ser feridos por governos autoritários.

Encontra-se ainda, dentro dessa diferença entre a legalidade ampla e estrita, uma das principais fontes de conflito do agente público para com a sociedade. Pois apesar de necessitar de estudo próprio e mais profundo, se observa a existência de conflito interno por parte do funcionário público ao querer que o cidadão comum também siga os ditames da legalidade estrita, requerendo protocolos e burocracia para toda ação humana, tentando enquadrar qualquer ato negocial dentro de um fato tributável. Sendo possível que essa tendência, seja o principal motivo para a desconsideração do negócio jurídico.[63]

Por fim, chega-se à conclusão de que o planejamento é permitido pelo ordenamento jurídico

---

[63] A problemática entre a legalidade estrita e a legalidade ampla, se estabelece no Brasil, quando há a adoção de dois sistemas de realidades diferentes, que ocorre quando se estabelece o sistema Inglês de liberdade e princípio da legalidade ampla como regra geral, enquanto o direito administrativo brasileiro copiou o sistema francês estabelecido no período de Napoleão Bonaparte e quando o juiz era a boca da lei, momento em que a escola da exegese era predominante, e o princípio da legalidade estrita era regra geral estabelecido junto com o código civil francês de 1804.

brasileiro, também com base no princípio da legalidade e da legalidade estrita.

2.1.2 Princípio da tipicidade

O princípio da tipicidade, ou melhor, tipicidade tributária determina "a exigência de qualquer tributo deve estar claramente definida em lei, detalhando-se todos os elementos da regra-matriz de incidência tributária (hipótese de incidência, sujeito ativo, sujeito passivo, base de cálculo e alíquota)".[64]

O princípio da tipicidade da tributação está exposto de modo claro pela Constituição Federal de 1988, no artigo 146, III, a:

> Art. 146. Cabe à lei complementar:
>
> [...]
>
> III - estabelecer normas gerais em matéria de legislação tributária, especialmente sobre: a) definição de tributos e de suas espécies, bem como, em relação aos impostos discriminados nesta Constituição, a dos respectivos fatos geradores, bases de cálculo e contribuintes;

---

64   CARVALHO. 2007. op. cit. p.127.

E o Código Tributário Nacional (CTN) apresenta o princípio da tipicidade em seu artigo 97:

Art. 97. Somente a lei pode estabelecer:

I - a instituição de tributos, ou a sua extinção;

II - a majoração de tributos, ou sua redução, ressalvado o disposto nos artigos 21, 26, 39, 57 e 65;

III - a definição do fato gerador da obrigação tributária principal, ressalvado o disposto no inciso I do § 3° do artigo 52, e do seu sujeito passivo;

IV - a fixação de alíquota do tributo e da sua base de cálculo, ressalvado o disposto nos artigos 21, 26, 39, 57 e 65;

No ordenamento jurídico brasileiro adota no sistema tributário o denominado princípio da tipicidade fechada o qual é explicado por Alberto Xavier da seguinte forma:

O princípio da determinação ou da tipicidade fechada (o Grundsatz der Bestimmtheit de que fala FRIEDRICH) exige que os elementos integrantes do tipo sejam de tal modo precisos e determinados na sua formulação legal que o órgão de aplicação do direito não possa introduzir critérios subjetivos de apreciação na sua aplicação concreta. Por outras palavras: exige a utilização de conceitos determinados, entendendo-se por estes (e tendo em vista a indeterminação imanente a todo conceito) aqueles que não afetam a segurança jurídica dos cidadãos, isto é, a sua capacidade de previsão objetiva dos seus direitos e deveres tributários.[65]

Tal princípio traz ao planejamento tributário a possibilidade de conhecer o tributo e sua forma de aplicação e poder realizar os atos de sua escolha. Sendo que ainda há a exclusão da possibilidade da discricionariedade por parte do agente do fisco na análise dos fatos, trazendo assim segurança aos atos dos contribuintes.

2.1.4 Princípio da segurança jurídica

O princípio da segurança jurídica tem por auxílio o princípio da tipicidade, pois a delimitação de todos os atos de tributação, busca a segurança do contribuinte em não ser surpreendido por um ato desconhecido do agente tributante, o que permite o bom funcionamento do sistema de mercado e até o bem-estar individual das pessoas que não precisam se preocupar a todo momento com a

---

[65] XAVIER. 1993. op. cit. p. 19.

possibilidade de tomarem seu património. Levando assim, em matéria tributária, "ao princípio da tipicidade fechada, com a correspondente proibição do emprego da discricionariedade fazendária."[66]

O princípio da segurança jurídica é algo que ultrapassa o liame da própria relação fisco-contribuinte ele permeia a relação cidadão-estado e nesse sentido Edmar Oliveira Andrade Filho afirma o seguinte:

> Em contraposição ao princípio da capacidade contributiva encontra-se o princípio da segurança jurídica, o qual justifica a existência do próprio direito positivo. Nos Estados de Direito esse princípio tem uma função preceptiva e outra de resguardo. No primeiro caso, ele representa a garantida de que as pessoas conheçam as "regras do jogo" antes do seu início, para que possam estimar as consequências de seus atos, isto é, se cumprem o que foi estatuído ou se aceitam a sanção respectiva. Na função de resguardo, esse princípio requer que as decisões proferidas em processos regulares, guiados pelo respeito à ampla defesa e aos devido processo legal, sejam respeitadas como medida de estabilidade dos efeitos das decisões que resolvem conflitos de interesse.[67]

---

66   CARRAZZA. 2002. op. cit. p. 383 e 384.
67   ANDRADE FILHO, Edmar Oliveira. Norma antielisão e ruptura do Estado de direito. In: (Mini) reforma tributária: reflexões sobre a Lei n° 10.637/2002 (antiga MP 66). Belo Horizonte: Mandamentos, 2003. p. 156-157.

O princípio da segurança jurídica é tão importante, que Ivo César o considera como um elemento necessário para a manutenção da sociedade:

A estabilidade é o ônus que o Estado deve suportar, em face de sua elevada e arcaica tributação. Na atual conjuntura do País, a realidade econômica do povo não proporciona, nem de perto, uma interpretação que dê margem a questionamentos sobre o princípio da segurança jurídica. Preservá-la é, isso sim, uma questão de justiça social, de solidariedade para com a situação econômica do povo, bem como um interesse coletivo na reconstrução do País.[68]

Portanto, a segurança jurídica é o elemento que permite a convivência social e a manutenção e formação dos Estados. Contudo importantíssimo princípio vem sendo transgredido e Maíra Carvalhaes Lott apresenta o porquê:

Em suma, ainda que o ordenamento tributário brasileiro não proíba o planejamento tributário, é inquestionável que o vácuo legislativo e a discricionariedade administrativa, sobrevalorizada pela incapacidade judicial para a solução dos problemas decorrentes da inércia do legislador - e aqui se refere a uma questão de atribuição

---

68   CARVALHO. 2007. op. cit. p.152.

competencial na esteira da separação dos poderes - limitam drasticamente a concretização do planejamento tributário pelos contribuintes, que veem o seu direito cerceado devido à insegurança jurídica que os rodeia.69

Por conseguinte, entende-se que o planejamento tributário está firmado na esperança da manutenção da segurança jurídica, pois se todo ato for passível de modificação pelos agentes fiscais, com a finalidade de obtenção de uma maior receita, o Estado terá sua legitimidade corroída a cada fato alterado ao seu arbítrio.

---

69   LOTT. 2013. op. cit. p. 70.

3. FIGURAS DE LIMITAÇÃO AO PLANEJAMENTO TRIBUTÁRIO

Como todo direito, o planejamento tributário também não é absoluto. E suas limitações estão determinadas na legislação, sendo presente no CTN em seu artigo 149, IV, VII e IX como exemplos:

> Art. 149. O lançamento é efetuado e revisto de ofício pela autoridade administrativa nos seguintes casos:
>
> (...)
>
> IV - quando se comprove falsidade, erro ou omissão quanto a qualquer elemento definido na legislação tributária como sendo de declaração obrigatória;
>
> (...)
>
> VII - quando se comprove que o sujeito passivo, ou terceiro em benefício daquele, **agiu com dolo, fraude ou simulação.**
>
> (...)
>
> IX - quando se comprove que, no lançamento anterior, ocorreu fraude ou falta funcional da autoridade que o efetuou, ou omissão, pela mesma autoridade, de ato ou formalidade especial.

O planejamento tributário é um ato de escolha entre uma ou mais práticas lícitas, portanto qualquer fato ou declaração que seja falso ou fraudulento não é permitido, devendo ser combatido.

Contudo há a estipulação de diversas outras formas de limitação ao planejamento tributário em nosso ordenamento jurídico e no exercício do contencioso tributário. Sendo as tidas por principais e analisadas no presente trabalho serão; simulação, abuso do direito; doutrina da interpretação econômica e a desconsideração do negócio jurídico. Sendo todas, inicialmente, formas de limitação ao princípio da autonomia da vontade o qual não pode ser absoluto.

3.1 Simulação

Iniciando com a simulação ou evasão tributária, vislumbramos a ilegalidade da sua pratica, no momento em que se tem o conhecimento de sua conceituação, que neste trabalho é fornecida por Carlos Roberto Gonçalves:

> Simulação é uma declaração falsa, enganosa, da vontade, visando aparentar negócio diverso do

efetivamente desejado. Ou, na definição de CLÓVIS, "é uma declaração enganosa da vontade, visando produzir efeito diverso do ostensivamente indicado". Simular significa fingir, enganar. Negócio simulado, assim, é o que tem aparência contrária à realidade. A simulação é produto de conluio entre os contratantes, visando obter efeito diverso daquele que o negócio aparenta conferir. Não é vício do consentimento, pois não atinge a vontade em sua formação. É uma desconformidade consciente da declaração, realizada de comum acordo com a pessoa a quem se destina, com o objetivo de enganar terceiros ou fraudar a lei.[70]

O artigo 167, § 1º, do Código Civil de 2002 apresenta um rol taxativo quanto aos elementos para a caracterização da simulação:

Art. 167. É nulo o negócio jurídico simulado, mas subsistirá o que se dissimulou, se válido for na substância e na forma.

§ 1º Haverá simulação nos negócios jurídicos quando:

I - aparentarem conferir ou transmitir direitos a pessoas diversas daquelas às quais realmente se conferem, ou transmitem;

II - contiverem declaração, confissão, condição ou cláusula não verdadeira;

---

70   GONÇALVES, Carlos Roberto. Direito civil brasileiro, v. 1: parte geral. São Paulo: Saraiva, 2003. p. 436.

III - os instrumentos particulares forem antedatados, ou pós-datados.

Todavia, esse rol não é taxativo na relação tributária, pois o objetivo do processo administrativo é a verdade material, portanto, qualquer meio de simulação será ilícito.

Sendo, para tanto de competência Fazendária a comprovação da prática da simulação conforme afirma Misabel Abreu Machado Derzi:

> A simulação tem de ser demonstrada pela Fazenda Pública, a quem cabe desconstituir a presunção de legitimidade de que gozam os atos e negócios jurídicos em geral. Compete-lhe o ônus de provar que o negócio jurídico é mera aparência ou oculta uma outra relação jurídica de natureza diversa, ou seja, esconde a ocorrência do fato gerador.[71]

A simulação não deve ser determinada apenas por ter obtido um meio de reduzir a tributação, mas sim por ter praticado um ato falso ou relatado algo diferente do fato ocorrido, por exemplo, vender uma blusa por vinte reais e

---

[71]   DERZI, Misabel Abreu Machado. A desconsideração dos atos e negócios jurídicos dissimulatórios, segundo a Lei Complementar n° 104, de 10 de janeiro de 2001. In: ROCHA, Valdir de Oliveira (Coord.) Planejamento Tributário e a Lei Complementar n° 104. São Paulo: Dialética, 2001. p. 226.

declarar que foi dezoito outro exemplo é vender camisa mas disse que vendeu diferente que tem isenção ou tributação menor.

3.2 Abuso de Direito

O abuso de direito é uma doutrina que tem aplicação no Direito Civil e no Direito Penal, a qual é conceituada por Silvio Salvo Venosa da seguinte forma:

> Juridicamente, abuso de direito pode ser entendido como fato de usar de um poder, de uma faculdade, de um direito ou mesmo de uma coisa, além do razoavelmente o Direito e a Sociedade permitem. O titular de prerrogativa jurídica, de direito subjetivo, que atua de modo tal que sua conduta contraria a boa-fé, a moral, os bons costumes, os fins econômicos e sociais da norma, incorre no ato abusivo. Nesta situação, o ato é contrário ao direito e ocasiona responsabilidade.[72]

Salienta-se que o abuso de forma é uma subclassificação do abuso de direito, e por isso terá o mesmo tratamento.

---

[72] VENOSA, Sílvio Salvo. Direito civil: **parte geral. 3. ed. São Paulo: Atlas, 2003. p. 603 e 604.**

Contudo essa doutrina contém aplicabilidade onde há relações jurídicas entre indivíduos de mesma proporção, o que não ocorre na relação tributária. Tanto que, Sacha Calmon Navarro Coêlho assevera o seguinte:

> Em direito tributário não há falar em abuso de direito, somente possível no campo dos direitos privados potestativos, de livre disposição pelos titulares dos mesmos, em prejuízo evidente de terceiros. Não é o caso do direito tributário, dominado pelo princípio da legalidade e da verdade material.[73]

Contudo, um dos argumentos que apresenta os defensores dessa doutrina no âmbito tributário é que se trata de práticas incomuns, a qual Marco Aurélio Greco tece alguns comentários:

> A teoria do abuso de forma (a pretexto de que o contribuinte possa ter usado uma forma "anormal" ou "não usual", diversa da que é "geralmente" empregada) deixa ao arbítrio do aplicador da lei a decisão sobre a "normalidade" da forma utilizada. Veja-se que o foco do problema não é o da

---

73   COÊLHO, Sacha Calmon Navarro. Os limites atuais do planejamento tributário **(apreciação crítica da Lei Complementar n° 104, de 10 de janeiro de 2001, que procura introduzir no Brasil a "interpretação econômica do direito tributário" ou a chamada "norma geral antielisiva").** In: ROCHA, Valdir de Oliveira (Coord.). **Planejamento tributário e a Lei Complementar n° 104. São Paulo: Dialética, 2001. p. 298.**

legalidade (licitude) da forma, mas o da "normalidade", o que fere, frontalmente, os postulados da certeza e da segurança do direito. Sempre que determinada forma fosse adotada pelo contribuinte para implementar certo negócio, ele teria de verificar se aquele modelo é o que mais freqüentemente se utiliza para a realização daquele negócio; o critério jurídico seria substituído pelo critério estatístico, e as variadas formas que o direito criou para instrumentar as atividades econômicas dos indivíduos seriam reduzidas a uns poucos modelos que fossem "validados" fiscalmente. (...) A invocação do abuso de direito leva ao mesmo problema. Se o direito é utilizado para atingir os fins civis ou comerciais que normalmente a ele estão associados, seu exercício não é questionado. (...) Não vemos ilicitude na escolha de um caminho fiscalmente menos oneroso, ainda que a menor onerosidade seja a única razão da escolha desse caminho. Se assim não fosse, logicamente se teria de concluir pelo absurdo de que o contribuinte seria sempre obrigado a escolher o caminho de maior onerosidade fiscal.[74]

Assim sendo, a simples argumentação de ser uma prática incomum, não é argumento suficiente para ir de encontro ao princípio da legalidade e da autonomia da vontade, além de ser uma demonstração do problema já indicado da confusão por parte do agente público com o princípio da legalidade aplicada a si (legalidade estrita) e com a aplicada ao cidadão (legalidade ampla). Heleno

---

[74]   GRECO. 2004. op. cit. p. 226-228.

Torres resume a não aplicação do abuso de direito na esfera tributária da seguinte forma:

> Em resumo, o conceito de abuso de direito encontra severas limitações para se ajustar à matéria tributária. Basta pensar que o direito que se abusaria seria o de auto regramento da vontade, que em verdade não é um direito, mas um poder normativo como prefere Ferri. E qualquer abuso de direito contra normas tributárias, por serem cogentes e não dispositivas, converte-se de imediato em sanção, por descumprimento frontal de norma impositiva de conduta, tal como uma espécie de fraude à lei.[75]

A argumentação acima é extremamente plausível, pois em nenhum momento a escolha entre duas formas legais de agir pode ser considerada uma forma abusiva.

É como se considerar abusivo o homem, que deseja montar uma empresa, ele pode alugar ou realizar um contrato de leasing (arrendamento mercantil sem opção de compra por parte do arrendador), as duas possibilidades são permitidas, regradas pelo ordenamento jurídico brasileiro e atendem o desejo inicial, sendo que em ambas as operações haverá posteriormente o custo do imposto de renda enquanto o leasing ainda gera o ISS (imposto sobre serviços). Por incidir menos tributos à

---

75   TORRES. 2001. op. cit. p. 337-338.

locação é escolhida e essa escolha não pode ser considerada abusiva, somente por ter por motivação a incidência de menor tributação.

3.3 Doutrina da Interpretação Econômica

A doutrina da interpretação econômica foi desenvolvida na Alemanha por Enno Becker, doutrina que indica a desconsideração da forma e realiza a análise econômica do fato para assim realizar a tributação, conforme se observa a seguir:

> Enno Becker, atento a essa realidade, ao participar da elaboração do Ordenamento Tributário Alemão (Reichabernordnung - RAO), publicado em 13 de dezembro de 1919, pode introduzir as bases de sua teoria:"§ 4° Na interpretação das leis tributárias deve-se levar em conta a sua finalidade, o seu significado econômico e a evolução das circunstâncias."
>
> Para essa teoria, as formas jurídicas externas não são decisivas, mas antes o seu substrato econômico, uma vez que o objeto da norma do imposto são os fatos econômicos, expressão de uma presumível capacidade contributiva. Desta forma, à luz desse entendimento, a lei tributária tem sempre uma expressão econômica, e, por isso, cumpre ao intérprete procurar na lei o tipo de situações

econômicas que o legislador quis submeter à tributação, mesmo quando este venha expresso através de conceitos jurídicos já tratados pelo Direito Privado. [76]

Aurélio Pitanga Seixas Filho analisa a figura da doutrina da interpretação econômica da seguinte forma:

> A interpretação econômica em direito tributário é uma forma de aplicação da norma jurídica por parte da autoridade fiscal em que o fato tributável não é considerado na forma jurídica eleita pelo contribuinte, em sua real consistência econômica. A forma jurídica do fato tributável por estar revestindo ou camuflando uma operação econômica tributável com mais gravosidade é desconsiderada em favor da real atividade praticada pelo contribuinte. A desconsideração da forma jurídica escolhida pelo contribuinte tem sua razão de ser quando não for funcionalmente adequada ou apropriada ao fato econômico realmente praticado pelo contribuinte, representando artificialmente o fato gerador. A uniformidade da tributação, em obediência ao princípio da isonomia, exige que os fatos econômicos equivalentes, funcionalmente semelhantes e indicativos de análoga capacidade contributiva, recebam idêntica tributação.[77]

---

[76] **BATISTA JÚNIOR. Onofre Alves.** O planejamento fiscal e a interpretação no direito tributário. **Belo Horizonte: Mandamentos, 2002. p.84 e 85.**

[77] **SEIXAS FILHO, Aurélio Pitanga.** A interpretação econômica no direito tributário, **a Lei Complementar n° 104/2001 e os limites do planejamento tributário. In: ROCHA, Valdir de Oliveira (Coord.). Planejamento tributário e a Lei Complementar n° 104. São Paulo: Dialética, 2001. p. 19.**

Portanto, chega-se à conclusão de que a referida doutrina tende a desconsiderar o negócio jurídico para poder analisar apenas o fator econômico. Doutrina essa que o Concelho Administrativo de Recursos Fiscais (CARF), que é uma instituição do contencioso administrativo federal, já a adotou, "Isto se verifica a partir de 2004, quando aquele órgão julgador finalmente deixa de se preocupar com a mera licitude formal dos atos e passa a avaliar a essência dos negócios e seus aspectos substanciais e materiais para a consideração dos planejamentos fiscais."[78]

Contudo, ao analisar essa doutrina, constata-se que se trata de uma tentativa de expandir a incidência tributária e de utilizar da analogia, a qual é proibida pelo ordenamento jurídico de se realizar e nesse mesmo entendimento Alberto Xavier afirma o seguinte:

> Pode-se, pois, dizer-se que a doutrina da interpretação econômica foi o Cavalo de Tróia pelo qual se pretendeu legitimar a importação da analogia - até então vedada - para dentro dos muros dos tipos

---

78   ABRAHAM, Marcus. Os 10 anos da norma geral antielisiva e as cláusulas do próposito negocial e da substância sobre a forma presentes no direito brasileiro. **Revista Dialética de Direito Tributário**. SÃO PAULO: DIALÉTICA, 09/2011. p. 79-93. PORTUGUÊS. n.192. p.79.

legais tributários. A doutrina da interpretação econômica das leis e dos fatos tributários, bem como a da aplicação analógica em caso de abuso de direito ou de abuso de formas foram e continuam sendo tentativas de "elastificação" dos tipos legais tributários, de modo a dotá-los de uma capacidade expansiva suscetível de atingir situações não previstas nas palavras da lei, ainda que corretamente interpretadas pelo método jurídico. Dessa expansibilidade elástica resulta, como conseqüência inevitável, uma simétrica expansão dos poderes dos órgãos de aplicação do direito, principalmente do Fisco, que passam a ficar dotados de poderes de criação, embora derivada, do direito, usurpando prerrogativas do Poder Legislativo e introduzindo um elemento de imprevisibilidade da atividade estatal atentatório da segurança jurídica.[79]

Desta forma fica a indicação de violação do princípio da legalidade e da tipicidade, por parte da doutrina da interpretação econômica. E João Dácio Rolim salienta ainda:

Não cabe ao Fisco no Brasil equiparar determinados atos jurídicos tipificados em lei a outros que não o estejam, pela mera semelhança de situações ou efeitos econômicos; do contrário, estar-se-ia estremecendo a segurança jurídica no campo da tributação. Dessa maneira, é perfeitamente possível que se organize a empresa com o objetivo econômico precípuo da maior economia de tributos.80

79   XAVIER, Alberto. Tipicidade da tributação, simulação e norma antielisiva. São Paulo: Dialética, 2001. p.44.

Então, além da violação dos princípios já citados, há também a violação do princípio da segurança jurídica, pois posteriormente o fisco poderia desconsiderar todo um negócio jurídico apenas com base em um efeito econômico similar. E nesse mesmo sentido Bilac Pinto realiza as mesmas críticas:

> A substituição do critério jurídico, que é objetivo e seguro, pelo critério econômico do fato gerador, implica trocar o princípio da legalidade por cânones de insegurança e de arbítrio, incompatíveis com o sistema constitucional brasileiro.[81]

A teoria da interpretação econômica se mostra incompatível com o estado democrático moderno, tanto o é, que na Alemanha, nação onde se desenvolveu, sua prática foi abandonada, como indicado a seguir:

> A conseqüência da teoria da interpretação econômica do direito tributário para a teoria da elisão fiscal é de que esta seria sempre ilícita, pois

---

80   ROLIM, João Dácio. Do planejamento tributário como direito ou dever do contribuinte: **seus contornos jurídicos gerais e específicos.** In: ROCHA, Valdir de Oliveira (Coord.). **Planejamento fiscal, v. 2: teoria e prática.** São Paulo: Dialética, 1998. p. 57.
81   PINTO. Bilac. apud., COÊLHO. 2001. op. cit.. p. 299.

representaria abuso da forma jurídica pelo contribuinte. Felizmente, a teoria da interpretação econômica do direito tributário foi abandonada com a derrocada do nacional-socialismo e a implementação da Lei Fundamental de Bonn, em 1949, reduzindo os poderes conferidos à administração pública para ampla interpretação das leis tributárias com vistas à missão arrecadadora, em desrespeito aos direitos de liberdade e propriedade.[82]

Em conclusão, a teoria da interpretação econômica se mostra totalmente contrária ao ordenamento jurídico brasileiro e, portanto, sua prática deve ser abolida.

3.4 O disposto no §único do art.116 do CTN e sua doutrina fundamentadora

Para iniciar o estudo, é necessário a leitura do artigo 116, §único do Código Tributário Nacional (CTN), que é apresenta o seguinte texto:

> Art. 116. Salvo disposição de lei em contrário, considera-se ocorrido o fato gerador e existentes os seus efeitos:
>
> (...)
>
> Parágrafo único. A autoridade administrativa poderá desconsiderar atos ou negócios jurídicos praticados

---

82   CARVALHO. 2007. op. cit. p.36.

com a finalidade de dissimular a ocorrência do fato gerador do tributo ou a natureza dos elementos constitutivos da obrigação tributária, observados os procedimentos a serem estabelecidos em lei ordinária.

O referido artigo apresenta a possibilidade de desconsideração do negócio jurídico pela via administrativa.

Para iniciar a apresentação do art. 116, §único, do CTN, entende-se necessário a apresentação do projeto de Lei Complementar n° 77/1999, que deu origem à Lei Complementar n° 104/2001, apresentava em sua Mensagem n° 1.459, de 07 de outubro de 1999, publicada no Diário da Câmara dos Deputados em 16 de outubro de 1999, folha 48.931, como justificativa a seguinte:

A inclusão do parágrafo único do art. 116 faz-se necessária para estabelecer, no âmbito da legislação brasileira, norma que permita à autoridade tributária desconsiderar atos ou negócios jurídicos praticados com finalidade de elisão, constituindo-se, dessa forma, em instrumento eficaz para o combate aos procedimentos de planejamento tributário praticados com abuso de forma ou de direito.[83]

---

83   PALOCCI, Antônio. apud. ABRAHAM. 2011. op. cit. p. 80.

Na Sessão Extraordinária de 6 de dezembro 2001, na Câmara dos Deputados, o então Deputado Federal Antonio Palocci, se manifestou favorável à aprovação da norma geral antielisiva, fala esta, que se destaca do discurso o seguinte trecho:

> Em particular, quanto à norma antielisão, é uma necessidade para o Brasil, porque, mais do que nunca, o setor que mais cresce em matéria tributária no País é o do planejamento fiscal. E o planejamento fiscal não cresce em função da criação de justiça fiscal, da progressividade dos impostos, da valorização dos mais pobres. Planejamento fiscal se dá principalmente em defesa dos grandes setores da economia, em particular do capital financeiro, dos que tem mais condições de fazer planejamento fiscal e pagar menos impostos. Por isso, a norma antielisão é necessária no Brasil. Se esta norma estiver na forma da lei, teremos um instrumento para fazer com que a sua aplicação não seja uma arbitrariedade da autoridade tributária no sentido de impedir que o cidadão se utilize do seu direito de pagar imposto segundo o que a Constituição estabelece e não segundo imposição da autoridade tributária.[84]

A defesa realizada por quem era favorável ao projeto de lei, tinha como argumentação a igualdade tributária e possibilidade de aumentar a tributação dos mais ricos. Contudo a possibilidade de desconsideração só seria

---

[84]   PALOCCI, Antônio. apud. ABRAHAM. 2011. op. cit. p. 80.

realizada depois de devidamente regulamentada, conforme indicado pelo texto legal que o art.116, §único, do CTN apresenta, mas essa regulamentação nuca fora realizada e para não tornar uma lei morta o fisco se baseou em diversos escritos sobre o tema para aplicar o dispositivo, mesmo sem lei regulamentadora e um dos argumentos utilizados para realizar a desconsideração foi basicamente a seguinte, conforme apresenta Fabrício Costa:

[...] para identificarmos a ocorrência de um planejamento fiscal abusivo, que não esteja de acordo com o ordenamento jurídico, seja por violar diretamente uma regra, seja por afrontar um princípio jurídico, apto a ser obstado ou desconsiderado através de alguma norma antielisiva, deve-se apurar a ocorrência dos seguintes elementos configurativos:

a) o prévio e intencional planejamento e implementação, de um ato ou negócio jurídico (singular ou coletivo), cuja aparência ostensiva oculte a sua verdadeira finalidade (cujo resultado econômico seria fiscalmente mais dispendioso);

b) que a forma não usual ou irregular adotada, seja amparada por uma norma que produza um efeito tributário menos oneroso do que a norma comum que recairia regularmente sobre aquele fim ocultado;

c) que a escolha dos meios adotados tenha como principal razão (única ou preponderante), uma vantagem fiscal perseguida (e não uma mera consequência do ato ou conjunto deles, falseado);

d) a evidente dissintonia entre a hipótese de incidência do tributo e o resultado econômico que se chega, que produz um fato gerador diverso do que ocorreria, se não houvesse sido implementado o suposto planejamento fiscal;

e) uma aparente proteção do ordenamento jurídico à formula adotada para a realização do ato ou do negócio jurídico; e

f) violação do princípio da capacidade contributiva e o descumprimento do dever de pagar tributos, além do desrespeito ao princípio da função social do ato ou o negócio jurídico realizado, com efetivo prejuízo para terceiros e a comprovada ausência de boa-fé objetiva pelas partes.[85]

Sendo que a fundamentação para a desconsideração do negócio jurídico por parte do fisco foi realizada de forma repetida por diversas vezes e de diversas formas, sendo uma delas a seguinte:

No subsistema do Direito Tributário, o substrato teórico a conceder permissão ao Fisco de desconsiderar os negócios jurídicos realizados pelos contribuintes, ainda que sob a roupagem de institutos de Direito Privado, tais como o abuso de direito, abuso de formas etc., nada mais significa que a aplicação e concepção juris tantum dos princípios da razoabilidade, proporcionalidade e supremacia do interesse público sobre o privado em favor dos interesses meramente arrecadatórios.86

---

85   ABRAHAM. 2011. op. cit. p. 93.

Contudo apesar de toda a fundamentação doutrinária utilizada para realizar a desconsideração do negócio jurídico, essa prática foi alvo de diversas críticas, sendo elas tratadas no próximo tópico.

3.4.1 O Problema de sua Aplicação

Uma das diversas críticas existentes acerca da desconsideração dos atos ou dos negócios jurídicos, com base no §único, do art.116, do CTN é a formulada por Hugo de Brito Machado, que indica o seguinte acerca de sua utilização se a devida regulamentação:

> Primeiro, ficou claro que a lei disciplinadora dos procedimentos é a ordinária. Isso, porém, já estava implícito, até porque uma referência à lei, sem qualificação, já induz essa idéia. Seja como for, ficou afastada qualquer dúvida quanto à espécie normativa na qual devem estar previstos os procedimentos a serem adotados pela autoridade administrativa para a desconsideração de atos ou negócios jurídicos praticados com a finalidade de dissimular a ocorrência do fato gerador do tributo ou a natureza dos elementos constitutivos da obrigação tributária. Segundo, ficou claro também que não se trata de nenhum procedimento já previsto em lei,

---

86   CAMPOS. 2012. op. cit. p.313.

mas de procedimentos especificamente destinados a viabilizar a prática de atividade administrativa de desconsideração dos referidos atos ou negócios jurídicos. A expressão a serem estabelecidos o diz claramente. Como conseqüência, tem-se que a vigência da norma do parágrafo único do art. 116, do Código Tributário Nacional, com redação dada pela LC n° 104, somente será plena quando entrar em vigor a lei ordinária na mesma referida. É uma norma cuja aplicação depende da disciplina, em lei ordinária, dos procedimentos a serem observados pela autoridade administrativa.[87]

Portanto, fica evidenciado inicialmente a falta de regulamentação da prática da desconsideração do negócio jurídico, pois deve ser regulado por uma lei ordinária, que ainda há de ser aprovada.

Posteriormente à crítica da regulamentação, Ives Gandra da Silva Martins apresenta nova problemática:

Pela nova norma, nenhum contribuinte terá qualquer garantia, em qualquer operação que fizer, pois, mesmo que siga rigorosamente a lei, sempre poderá o agente fiscal, à luz do despótico dispositivo, entender que aquela lei não vale e que o contribuinte pretendeu valer-se de uma "brecha legal" para pagar menos tributo, razão pela qual, mais do que a lei, a sua opinião prevalecerá. Se não vier a ser suspensa a eficácia dessa norma pelo STF, em eventual exercício de controle concentrado, o direito tributário

---

87 **MACHADO, Hugo de Brito.** Comentários ao Código Tributário Nacional, **v. II. São Paulo: Atlas, 2004. p. 365.**

brasileiro não mais se regerá pelo princípio da legalidade, mas pelo princípio do "palpite fiscal".[88]

Referida argumentação, indica a violação do princípio da legalidade e da segurança jurídica, pois o agente fiscal pode apresentar qualquer argumentação, mesmo a mais fraca existente, que o negócio jurídico será desconsiderado. Ives Gandra da Silva Martins afirma ainda:

> [...] o referido dispositivo [...] despoja o Congresso Nacional do poder de produzir a lei tributária e transforma o agente fiscal em verdadeiro legislador, para cada caso aplicando, não a lei parlamentar, mas aquela que escolher. Afeta, o artigo 116, uma outra cláusula pétrea (artigo 60, § 4°, inciso II), que é a separação dos poderes, pois autoriza o representante do Fisco adeixar de aplicar a lei ao fato a que se destina, e a escolher, no arsenal de dispositivos legais, aquele que resulte mais oneroso, a partir de presunção de que o contribuinte pretendeu utilizar-se da "lei" para pagar menos tributos. Como, pelo novo artigo 116, não é a lei que deverá ser aplicada à hipótese impositiva, mas sim a intenção do agente de obter mais tributos, qualquer lei, apesar de rigorosamente seguida pelo contribuinte, poderá ser desconsiderada, para dar lugar à aplicação daquela que representar a maior incidência. A figura da "elisão fiscal", diversa da "evasão" - aquela objetivando a economia legal de

---

88   MARTINS. 2000. op. cit. p. 126.

tributos e esta a ilegal - deixa de existir no direito brasileiro.[89]

Portanto, o artigo em tela é uma afronta à própria divisão de poderes, concedendo uma exacerbação de poderes ao agente do fisco, pois ele pode livremente desconsiderar uma lei e aplicar a qual lhe atenda o melhor interesse, que é o de arrecadar. Por fim, Ivo César conclui afirmando o seguinte:

> É inadmissível o alargamento de poderes da administração pela norma geral antielisiva. Esta tentativa de reforço aos poderes da Administração Tributária colide com o princípio da legalidade, que tem como um dos corolários o princípio da tipicidade; ou seja, a exigência de tributo somente pode advir de um tipo legal fechado (cerrado). Apenas a situação específica em lei faz nascer a obrigação de pagar tributo. Uma norma que atribua competência ao fisco para desqualificar as condutas praticadas pelo particular a fim de incluí-lo no perfil de contribuinte de determinado tributo fere de forma mortal a noção de Estado Democrático de Direito. A norma geral antielisiva transforma o agente fiscal em verdadeiro legislador para cada caso específico. A toda evidência, concede poderes à autoridade administrativa de aplicar não a lei votada e aprovada no Congresso Nacional, mas aquela que escolher, que entender melhor para o fisco. A norma em comento fere outra cláusula pétrea: o artigo 60, § 4o, II, da CF. A norma geral antielisiva, ao alargar os

---

89   MARTINS. 2000. op. cit. p. 25-126.

poderes da autoridade administrativa, fere também o princípio da separação de poderes, pois autoriza o agente fiscal a deixar de aplicar a lei ao fato a que se destina e a escolher dispositivo legal que resulte mais oneroso para o contribuinte, sob a argumentação de que este pretendeu utilizar-se da lei para pagar menos tributo ou não pagá-lo de qualquer jeito. Há intromissão clara do Poder Executivo no âmbito do Poder Legislativo ao conceder poderes às autoridades fazendárias de aplicar as hipóteses impositivas de tributos de acordo com sua intenção, como se legisladores fossem.90

Salienta-se que há no Supremo Tribunal Federal uma Ação Direta de Inconstitucionalidade (ADIN 2446-9/600 – DF – LC 104/2001). A ação foi proposta pela Confederação Nacional do Comércio. A relatora da ação inicialmente era a Ministra Ellen Gracie e atualmente é a Ministra Cármen Lúcia. Já prestaram informações o Presidente da República e o Congresso Nacional. A Advocacia-Geral da União ofereceu defesa, e a Procuradoria Geral da República ofereceu parecer, opinando pela improcedência da ação. Sendo, que ainda não foi julgada a ação ou sua liminar.

Em conclusão, observa-se a notória inconstitucionalidade do artigo 116, §único do Código Tributário Nacional, pois vai de encontro com os principais

---

90   CARVALHO. 2007. op. cit. p.95.

princípios basilares do Estado Democrático de Direito bem como aos direitos fundamentais do contribuinte.

CONSIDERAÇÕES FINAIS

A relação tributária é tão antiga quanto à sociedade e por séculos a sociedade viveu em conflito com as pessoas que realizavam a tributação (reis, imperadores, igreja, etc.), no passar do tempo buscou-se meios para limitá-lo, gerando diversos conflitos e revoluções e o constitucionalismo se apresentou para realizar uma delimitação ao poder do Estado especificadamente o de tributar.

Sendo então, o planejamento tributário uma figura histórica e que encontra defesa no âmbito moral da maioria da população. E principalmente no Brasil, que é notoriamente reconhecido, por ter uma carga tributária elevada e extremamente complexa, pois há pesquisas que demonstram o brasileiro trabalhando cerca de cinco meses ao ano, somente para pagar tributos.

Em face de tudo isso, aparece o planejamento tributário, que é a forma de organização por meios legais, no âmbito empresarial, administrativo ou judicial, que busca a incidência tributária escolhida (em regra a de menor custo tributário).

Sendo que, para realizar o planejamento tributário de forma prévia os elementos da regra-matriz (a hipótese de incidência, o sujeito ativo, o sujeito passivo, a base de cálculo e a alíquota), serão elementos norteadores do planejamento tributário, pois com a realização de fatos diferentes, poderá haver incidência de elementos diferentes da regra-matriz e com isso a possibilidade de redução na carga tributária. Exemplo, se a tributação de um sabão perfumado for maior do que a do neutro um fabricante de sabão pode escolher substituir toda produção e fabricar apenas sabão neutro, resultando na intenção de pagar menos tributos. Ou seja, com o conhecimento da regra-matriz a pessoa pode delimitar seus atos para que haja a menor incidência de tributos.

Estendendo o entendimento anterior, o planejamento tributário também pode ser realizado por meio do negócio jurídico indireto, o qual se caracteriza pela realização de um negócio jurídico não habitual para determinado fim, gerando redução da incidência tributária. A não habitualidade da utilização do negócio, não é motivo para alegar a prática de ilegalidade, pois se configura como uma técnica diferenciadora que maximiza a produção, viabilizando a atividade econômica.

Sendo o planejamento tributário defendido pela Constituição Federal do Brasil e o Código Tributário Nacional (CTN), observa-se que é respaldado pelos princípios da autonomia da vontade, da livre iniciativa, da autonomia do negócio jurídico, da legalidade, da legalidade estrita, da tipicidade e da segurança jurídica, além de ter como fundamento o estado democrático de direito. Portanto, violar o direito ao planejamento tributário é violar os fundamentos estruturadores da república brasileira.

Ressalta-se que o CTN apresenta algumas figuras de delimitação ao planejamento tributário, sendo elas, a fraude e a simulação.

Contudo, algumas doutrinas se infiltram na jurisdição brasileira com a finalidade de limitar ainda mais o planejamento tributário. Sendo elas: o abuso de direito, que é inaplicável ao âmbito tributário, pois fere o princípio da legalidade e da autonomia da vontade; a doutrina da interpretação econômica, que é inconstitucional, por ferir o princípio da legalidade, da tipicidade e da segurança jurídica; e a desconsideração do negócio jurídico, elencado no art.116, §único, do CTN, é inaplicável no atual ordenamento jurídico, pois inexiste a lei que o regulamentaria, e da maneira que está vai de encontro aos princípios da autonomia da vontade, da livre iniciativa, da autonomia do negócio jurídico, da legalidade, da legalidade estrita, da tipicidade e da segurança jurídica.

Por fim, conclui-se que o Tributo é uma relação de poder para com o Estado e o único meio de proteção é o planejamento tributário que é um direito subjetivo do contribuinte e mais, o planejamento tributário é um direito humano fundamental e inalienável. O qual deve ser protegido por todos.

REFERÊNCIAS

ABRAHAM, Marcus. **Os 10 anos da norma geral antielisiva e as cláusulas do próposito negocial e da substância sobre a forma presentes no direito brasileiro**. Revista Dialética de Direito Tributário. SÃO PAULO: DIALÉTICA, 09/2011. p. 79-93. PORTUGUÊS. n.192.

AMARAL, Gustavo da Silva. **Elisão Fiscal e Norma Geral Antielisiva**. Porto Alegre: IOB – Thomson, 2004.

AMARAL, Gilberto Luiz do. **A nova ótica do planejamento tributário empresarial**. Disponível em: <http://www.tributarista.org.br/content/estudos/nova-otica.html>. Acesso em: 15.1.2015.

ANDRADE FILHO, Edmar Oliveira. **Norma antielisão e ruptura do Estado de direito**. In: (Mini) reforma tributária: reflexões sobre a Lei n° 10.637/2002 (antiga MP 66). Belo Horizonte: Mandamentos, 2003.

APOCALYPSE, Sidney Saraiva. **A regra antielisiva**. Apenas uma dissimulada intenção. In: ROCHA, Valdir de Oliveira (Coord.). Planejamento tributário e a Lei Complementar n° 104. São Paulo: Dialética, p. 307-319. 2001.

ATALIBA, Geraldo. **Hipótese de incidência tributária**. 6ª ed. São Paulo: Malheiros, 2000.

BALEEIRO, Aliomar. **Direito tributário brasileiro**. Atual. Misabel Abreu Machado Derzi. 11. ed. Rio de Janeiro: Forense, 2004.

_____. **Uma introdução à ciência das finanças**. 14. ed. Rio de Janeiro: Forense, 1986.

BATISTA JÚNIOR. Onofre Alves. **O planejamento fiscal e a interpretação no direito tributário**. Belo Horizonte: Mandamentos, 2002.

CAMPOS, Fabrício Costa Resende de. **Planejamento tributário:** aspectos legais e principiológicos. Revista Tributária e de Finanças Públicas. SÃO PAULO: REVISTA DOS TRIBUNAIS, 01/2012 a 02/2012. p. 305 a 325. PORTUGUÊS. v.20 n.102.

CARRAZZA, Roque Antonio. **Curso de Direito Constitucional Tributário.** 13. ed. rev. ampl. e atual São Paulo: Ed. Malheiros, 1999.

CARVALHO, Ivo César Barreto de. **Elisão tributária no ordenamento jurídico brasileiro.** São Paulo : MP Ed., 2007.

COÊLHO, Sacha Calmon Navarro. **Os limites atuais do planejamento tributário** (apreciação crítica da Lei Complementar n° 104, de 10 de janeiro de 2001, que procura introduzir no Brasil a "interpretação econômica do direito tributário" ou a chamada "norma geral antielisiva"). In: ROCHA, Valdir de Oliveira (Coord.). Planejamento tributário e a Lei Complementar n° 104. São Paulo: Dialética, p. 281-304. 2001.

COLNAGO, Cláudio de Oliveira Santos. **O planejamento tributário como decorrência do direito fundamental à autonomia privada e a restrição do parágrafo único do art. 116 do CTN.** Revista Tributária e de Finanças Públicas, São Paulo, n. 109, pp. 269-277, mar-abr. 2013.

DERZI, Misabel Abreu Machado. **A desconsideração dos atos e negócios jurídicos dissimulatórios, segundo a Lei Complementar n° 104, de 10 de janeiro de 2001.** In: ROCHA, Valdir de Oliveira (Coord.)

Planejamento Tributário e a Lei Complementar n° 104. São Paulo: Dialética, 2001.

DUGUIT, Léon. **Traité de Droit Constitutionnel.** 30ª edition. Paris: Fontemoing, 1928.

FONROUGE, Carlos M. Giuliani. **Derecho Financiero.** Vol. II. 3a ed. Buenos Aires: Depalma, pp. 648-649, 1976.

GOMES, Carlos Roberto de Miranda; CASTRO, Adilson Gurgel de. **Curso de direito tributário.** 7. ed. Natal: Editora Nordeste, 2005.

GONÇALVES, Carlos Roberto. **Direito civil brasileiro**, v. 1: parte geral. São Paulo: Saraiva, 2003.

GRECO, Marco Aurélio. **Planejamento tributário.** São Paulo: Dialética, 2004.

GUBERT, Pablo Andrez Pinheiro. **Planejamento tributário:** análise jurídica e ética. Disponível em: <http://www.tributarista.org.br/content/estudos/etica.html>. Acesso em: 31.7.2014.

HAGA, Adriano Keith Yjichi. **Interpretação do parágrafo único do artigo 116 do Código Tributário Nacional** – Planejamento tributário e finalidade da norma. Fiscosoft - Site Fiscal e Jurídico. Anais eletrônicos. Disponível em < http://www.fiscosoft.com>. Acesso em 14.4.2014.

LIMA, Edilberto C. P. **Reflexão sobre tributação e reforma tributária no Brasil.** Revista Planejamento e Politicas Publicas, n. 20, Brasília: IPEA, dez. 1999.

LOTT, Maíra Carvalhaes. **O Alcance e as limitações do planejamento tributário no brasil:** uma abordagem conceitual e crítica. Revista Dialética de Direito Tributário. SÃO PAULO: DIALÉTICA, 03/2013. p. 60 a 72. PORTUGUÊS. n.210.

LUKIC, Melina De Souza Rocha. **Direito tributário e finanças públicas II**. 2012. Disponível em: <http://academico.direito-rio.fgv.br/ccmw/images/4/42/DIREITO_TRIBUTARIO_E_FINANCAS_PUBLICAS_II_2012-1.pdf>. Acesso em: 12.03. 2013.

MACHADO, Hugo de Brito. **A norma antielisão e outras alterações do CTN**. Repertório IOB de Jurisprudência, 1" quinzena de abril de 2001, n. 7, p. 193-199, Caderno 1.

_____. **Curso de direito tributário**. 31. ed. São Paulo: Malheiros, 2010.

_____. **Comentários ao Código Tributário Nacional**, v. II. São Paulo: Atlas, 2004.

_____. **Direito tributário e direito privado**: autonomia privada, simulação, elusão tributária. São Paulo: Revista dos Tribunais, 2003.

MAIA FILHO, Napoleão Nunes, **A Antiga e Sempre Atual Questão da Submissão do Poder Público à Jurisdição**, em Revista Dialética de Direito Processual, n° 1, abril de 2003.

MARTINS, Ives Gandra da Silva; MENEZES, Paulo Lucena de. **Elisão Fiscal**. Revista Dialética de Direito Tributário, São Paulo, Dialética, n. 63, p. 159, dez/2000.

MARTINS, Ives Gandra da Silva. **Norma antielisão é incompatível com o sistema constitucional brasileiro**. In: ROCHA, Valdir de Oliveira (Coord.). Planejamento tributário e a Lei Complementar n° 104. São Paulo: Dialética, p. 119-128. 2001.

MIRANDA, João Damasceno Borges de; LEMOS, Alexandre Marques Andrade. **Planejamento tributário** para empresas prestadoras de serviços em face das recentes alterações legislativas. In: PEIXOTO, Marcelo Magalhães (Coord.). Planejamento tributário. São Paulo: Quartier Latin, p. 571-591. 2004.

MOREIRA, Assis. **Brasil tem a maior carga tributária da América Latina, diz OCDE.** Jornal Valor econômico. Disponível   em: <http://www.valor.com.br/brasil/3946654/brasil-tem-maior-carga-tributaria-da-america-latina-diz-ocde>. Acesso em: 20.05.2015.

NOGUEIRA, Ruy Barbosa. **Curso de direito tributário.** 15. ed. atual. São Paulo: Saraiva, 1999.

PACHECO, Cláudio. **Tratado das Constituições Brasileiras**, Freitas Bastos, Rio de Janeiro, v. III.1965.

PEREIRA, César A. Guimarães. **A elisão tributária e a Lei Complementar n" 104/2001.** In: ROCHA, Valdir de Oliveira (Coord.). Planejamento tributário e a Lei Complementar n° 104. São Paulo: Dialética, p. 23-46. 2001.

PINTO, Bilac. **Estudos de direito público.** Rio de Janeiro: Forense, 1953.

PINTO, Francisco Roberto. **Evasão fiscal como estratégia: percepções de empresários brasileiros.** FORTALEZA: EDUECE, 2012.

PONTES, Helenilson Cunha, **O Direito ao Silêncio no Direito Tributário**, em Octávio Campos Fischer (Coordenador), Tributos e Direitos Fundamentais, Dialética, São Paulo, 2004.

PORTUGAL. Tribunal Central Administrativo Sul. **Acórdão processo n° 04255/10, 15.2.2011.** Anais eletrônicos. Disponível em: < http://

http://www.dgsi.pt/jtca.nsf/0/717922be4ecb14e180257849 0059ddf7?OpenDocument > Acesso em: 05.05.2015.

PRADO, Flávio Augusto Dumont. **O Planejamento Tributário à Luz do Novo Código Civil.** In: Marcelo Magalhães Peixoto, José Maria Arruda de Andrade (coord.). Planejamento Tributário. São Paulo: MP Editora, págs. 327 a 341, 2007.

RIBEIRO, Maria de Fátima. **Tributação e comércio eletrônico:** considerações sobre planejamento tributário. In: PEIXOTO, Marcelo Magalhães (Coord.). Planejamento tributário. São Paulo: Quartier Latin, p. 535-658. 2004.

ROLIM, João Dácio. **Do planejamento tributário como direito ou dever do contribuinte:** seus contornos juridicos gerais e específicos. In: ROCHA, Valdir de Oliveira (Coord.). Planejamento fiscal, v. 2: teoria e prática. São Paulo: Dialética, 1998.

SEIXAS FILHO, Aurélio Pitanga. **A interpretação econômica no direito tributário,** a Lei Complementar n° 104/2001 e os limites do planejamento tributário. In: ROCHA, Valdir de Oliveira (Coord.). Planejamento tributário e a Lei Complementar n° 104. São Paulo: Dialética, 2001.

TORRES, Heleno Taveira. **Limites do Planejamento Tributário e a Norma Brasileira Anti-Simulação (LC 104/01).** In: Oliveira Rocha, Valdir de (Coord.). Grandes Questões Atuais do Direito Tributário, Vol.5, São Paulo: Dialética, 2001.

VENOSA, Sílvio Salvo. **Direito civil:** parte geral. 3. ed. São Paulo: Atlas, 2003.

XAVIER, Alberto. **Direito Tributário Internacional do Brasil.** Rio de Janeiro: Forense,1993.

_____. **Tipicidade da tributação, simulação e norma antielisiva.** São Paulo: Dialética, 2001.